SNEL *en* VLOT GRAMMATICA FRANS

Deltas

Originele titel: Französisch Grammatik Pocket Teacher (Simone Lück-Hildebrandt, Michelle Beyer)

Deze uitgave door: Deltas, België-Nederland.
Nederlandse vertaling: Jerry Janssens
D-MM-0001-233
Gedrukt in de EU
NUGI 471

Inhoud

Voorwoord

Beste lezer!

Deze handige grammaticagids verbergt heel wat voordelen: hij informeert kort en bondig. Regels, verklaringen, voorbeelden, tabellen... ze zijn allemaal overzichtelijk geordend en voor iedereen begrijpelijk gemaakt.

Dit symbool duidt regels en ezelsbruggetjes aan.

Leertips verwijzen naar moeilijke materie en typische fouten.

De gewenste informatie vindt u het snelst terug aan de hand van een register met sleutelwoorden aan het eind van het boekje.
Bent u het sleutelwoord vergeten? Dan kunt u het best in de inhoudsopgave kijken en in het overeenkomstige hoofdstuk naar het woord zoeken.

In de tekst van deze grammaticagids vindt u vele kleurrijke pijltjes. Die verwijzen naar andere plaatsen in het boek, waar u meer informatie over hetzelfde thema vindt.

Voorbeeld: (→ 2.5, blz. 15)

Deze grammaticagids Frans verklaart de basisgrammatica en geeft bovendien vele nuttige spellingtips. Immers: zij die goed met de grammatica overweg kunnen, zullen weinig fouten schrijven.

Aan het begin van een paragraaf laten voorbeeldzinnen zien wat er behandeld wordt. Het is belangrijk die aandachtig te lezen en goed te begrijpen. Daarna wordt verklaard waarop u in het bijzonder moet letten om die zinnen foutloos te construeren.

Let op: uiteraard kan deze grammaticagids uitvoerige grammatica's en schoolboeken met oefeningen en voorbeelden niet vervangen. Dat is ook niet de bedoeling. Hij is een bibliotheek met geheugensteuntjes voor alle gelegenheden.

WOORDSOORTEN

1 Naamwoorden en hun determinanten

Les noms et leurs déterminants

In tegenstelling tot het Nederlands komen in het Frans geen onzijdige zelfstandige naamwoorden voor.
Zelfstandige naamwoorden – ook substantieven genoemd – komen meestal samen met andere woorden (lidwoorden, bezittelijke voornaamwoorden,...) voor, die hen nader bepalen. Die worden 'determinanten' genoemd.

1.1 Bepaalde en onbepaalde lidwoorden

① Sophie regarde **une** revue.
Daniel répare **un** vélo. — onbepaalde lidwoorden
Paul écoute **des** chansons.

② Elle regarde **la** revue Phosphore.
Il répare **le** vélo de Valérie. — bepaalde lidwoorden
Il écoute **les** chansons de Sting.

➔ Aan de lidwoorden in het enkelvoud kan men het geslacht van de zelfstandige naamwoorden herkennen. *La* resp. *une* staan voor vrouwelijke, *le* resp. *un* voor mannelijke zelfstandige naamwoorden. Als het zelfstandige naamwoord echter met een klinker of een doffe *h* begint, zet men een weglatingsteken: *l'*.
Niet nader bepaalde zelfstandige naamwoorden worden van onbepaalde lidwoorden ① vergezeld.
Meer nauwkeurig bepaalde zelfstandige naamwoorden worden door bepaalde lidwoorden voorafgegaan ②.

1.2 *de* + bepaald lidwoord

①	C'est la mère **de** Véronique.	
②	Voilà le directeur **du** collège.	de + le = du
	Voilà le professeur **de la** classe de Sophie.	
	C'est la maison **de l'**ami de Paul.	
	Voilà les élèves **des** classes 8a et 8b.	de + les = des
③	Véronique parle **du** camping.	

Indien een zelfstandig naamwoord door een ander naamwoord nauwkeuriger wordt bepaald, gebruikt men het voorzetsel *de* (zonder lidwoord) ①.
Als een naamwoord door een ander naamwoord bepaald wordt, waarbij dit laatste voorafgegaan wordt door een bepaald lidwoord ②, dan versmelten *de* + *le* tot *du* en *de* + *les* tot *des*.
Hetzelfde gebeurt indien na een werkwoord of een adjectief het voorzetsel *de* volgt ③: *parler de, s'occuper de* of *être content de, être fier de,...*

1.3 *à* + bepaald lidwoord

Sophie donne le cahier **au** professeur.	à + le = au
Il rend les tests **à la** classe.	
Patrick dit bonjour **à l'**animateur.	
Véronique montre des photos **aux** amis.	à + les = aux

Een hele reeks werkwoorden komt in het Frans met het voorzetsel *à* voor.

VB **Voorbeelden:** *donner qc à qn; parler à qn.*

Volgt op het voorzetsel *à* het bepaald lidwoord, dan versmelten *à* + *le* tot *au* en *à* + *les* tot *aux*. Voor eigennamen staat ook in dit geval geen lidwoord.

VB **Voorbeeld:** *Véronique écrit à Rolf.*

!!! **Leertip:** u doet er het best aan vanaf het begin de betreffende werkwoorden samen met het voorzetsel te leren.

1.4 Hoeveelheidsaanduidingen met het partitieve (delende) *de*

① Daniel prend **un kilo de** bananes.
Il prend aussi **300 grammes d'**olives et **trois kilos de** tomates.

② Véronique achète **un paquet de** café.
Elle prend **une bouteille de** porto et **deux morceaux de** gâteau.

③ Avez-vous **un peu de** sel?
Elle **n'a plus de** fraises.

Na hoeveelheidsaanduidingen wordt alleen *de* (zonder lidwoord) gebruikt. (→ 2.5, blz. 15)
Het naamwoord staat na *de* in het meervoud ① of in het enkelvoud ②.
Hetzelfde geldt voor bijwoorden als hoeveelheidsaanduiders en negaties ('nulhoeveelheden') ③.

2 Determinanten
Les déterminants

Determinanten zijn woorden die het naamwoord nader bepalen. Net als in het Nederlands zijn er verschillende determinanten: lidwoorden, bezittelijke voornaamwoorden, aanwijzende voornaamwoorden, vragende voornaamwoorden, onbepaalde voornaamwoorden. Het Frans heeft bovendien een determinant die in het Nederlands niet voorkomt: het partitief (delend) lidwoord (→ 2.5, blz. 15).

2.1 Bezittelijke voornaamwoorden

	le chat (m), l'amie (f)		la voiture (f)	
je	**mon**		**ma**	
tu	**ton**	chat/amie	**ta**	voiture
elle/il	**son**		**sa**	
	les chats (m), les voitures (f)			
	mes			
	tes	chats/voitures		
	ses			
nous	**notre**		**nos**	
vous	**votre**	chat/voiture	**vos**	chats/voitures
elles/ils	**leur**		**leurs**	

Het bezittelijk voornaamwoord geeft aan wie de bezitter van iets is. Anders dan in het Nederlands is het bezittelijk voornaamwoord in het enkelvoud afhankelijk van het geslacht en het getal van het naamwoord waarbij het voorkomt.

VB **Voorbeelden:**

*Véronique cherche **son** livre.*	Véronique zoekt **haar** boek.
*Daniel cherche **son** livre.*	Daniel zoekt **zijn** boek.
*Elle cherche **sa** revue.*	Ze zoekt **haar** tijdschrift.
*Il cherche **sa** revue.*	Hij zoekt **zijn** tijdschrift.

Als het naamwoord na het bezittelijk voornaamwoord met een klinker begint, komt de determinant in het enkelvoud altijd in het mannelijk voor (*son amie*).
Indien er meerdere personen in het spel zijn, richt de determinant zich naar het getal van het bijhorende naamwoord. Het geslacht van het naamwoord speelt hier geen rol.

Let op: in gesproken taal is het onderscheid tussen de enkelvouds- en meervoudsvorm van *leur* meestal niet te horen.

Voorbeelden: *Voilà Véronique et Alain.*
Et voilà leur chien. Et voilà leurs chats.

Ook de bezittelijke voornaamwoorden van de beleefdheidsvorm (*votre/vos*) worden naargelang het getal van het naamwoord gevormd.

Let op: anders dan in het Nederlands kunnen in het Frans geen twee bijvoeglijke bezittelijke voornaamwoorden voor een naamwoord staan. In dat geval kan men herhalen: *C'est ton livre ou son livre*, of een zelfstandig bezittelijk voornaamwoord gebruiken: *son livre ou le tien* (zijn of jouw boek).
(→ 8.13, blz. 50)

2.2 Het vragend voornaamwoord *quel*

Oh regarde le manteau!	**Quel** manteau?	welke
Voilà une très jolie cravate!	**Quelle** cravate?	welke
J'aime bien les pulls en laine!	**Quels** pulls?	welke
Tu vois les chaussures?	**Quelles** chaussures?	welke

Met een vragend voornaamwoord wordt naar een naamwoord gevraagd. De schrijfwijze van het vragend voornaamwoord *quel* is afhankelijk van het geslacht en getal van het bijhorende naamwoord.

Quel est ton disque?	**Quels** sont tes disques?
Quelle est ta casquette?	**Quelles** sont tes casquettes?

Het vragend voornaamwoord *quel* kan ook voor het subject van een zin staan. In dat geval volgt het werkwoord onmiddellijk na de vorm van *quel*.
Ook hier is de schrijfwijze afhankelijk van het naamwoord waarop het vragend voornaamwoord betrekking heeft.

2.3 Het bijvoeglijk aanwijzend voornaamwoord *ce*

Regarde **ce** manteau (m) jaune!	deze
Tu vois **cet** anorak (m) jaune?	deze
Cette cravate (f) me plaît!	deze
J'aime bien **ces** pulls (m)!	deze
Et j'aime bien **ces** chaussures (f) grises!	deze

Een aanwijzend voornaamwoord verwijst nadrukkelijk naar personen of zaken.
Ook de schrijfwijze van het aanwijzend voornaamwoord is afhankelijk van het bijhorende naamwoord.
In het enkelvoud is de mannelijke vorm voor een klinker of een doffe *h*: *cet* (*cet ami, cet homme*).
In het meervoud bestaat er slechts één vorm voor beide geslachten (*ces*).

2.4 Het onbepaald voornaamwoord *tout*

Sophie a mangé **tout** le gâteau (m).	de **hele**
Paul a dormi **toute** la journée (f).	de **hele**
Il y a des solutions à **tous** les problèmes (m).	voor **alle**
Il y a des tableaux dans **toutes** les classes (f).	in **alle**

Bij het gebruik van het onbepaald voornaamwoord *tout* dient gelet te worden op:

- zijn betekenis: *tout, toute* (heel) - *tous, toutes* (alle)
- zijn plaats: *tout/toute* - *tous/toutes* + lidwoord + naamwoord

en de aanpassing aan geslacht en getal van het bijhorende naamwoord.
Tout kan ook de betekenis van 'alles' hebben. Dan staat het zonder lidwoord of naamwoord en blijft het onveranderd.

VB **Voorbeeld:** *Yves a **tout** compris.* Yves heeft **alles** begrepen.

Let op: hoewel *tout le monde* in het Nederlands vaak met 'alle' wordt vertaald, staat het net zoals 'iedereen' in het enkelvoud, overeenstemmend met het naamwoord *le monde*: *Tout le monde est là?*

2.5 Het partitief (delend) lidwoord

Pour faire un collage, il faut **du** papier, **de la** colle, **des** photos coupées dans **des** journaux et **de** l'imagination.
Va au marché et achète **des** tomates, **des** pommes, **du** fromage, **de la** confiture et **de l'**ail (knoflook).

Bij het partitief lidwoord hebben we te maken met de voorstelling dat van een geheel een deel wordt genomen.
Bij zaken die telbaar zijn, staat het onbepaald lidwoord in het meervoud: *des*.
Bij zaken die niet telbaar zijn (papier, kaas, fantasie), staat het partitief lidwoord: *de + le = du, de + la = de la, de + l' = de l'*.

① J'ai **du** courage.
J'ai **de la** force.
J'ai **de l'**argent.

② Yves <u>fait</u> **du** patinage.
Véronique <u>fait</u> **de la** natation.

Het partitief lidwoord wordt ook bij abstracte begrippen gebruikt ①, waarbij er de voorstelling van een onbepaald aandeel is, en eveneens bij de constructie *faire* + activiteit ②.
Om de hoeveelheid van zaken of de omvang van abstracte begrippen nauwkeuriger aan te geven, worden telwoorden of hoeveelheidsaanduidingen (*un kilo de, peu de,...*) gebruikt. Anders dan in het Nederlands staat na die hoeveelheidsaanduidingen *de*.
Het lidwoord valt hier weg. (→ 1.4, blz. 11)
Ook na negaties zoals *ne ... pas* en *ne ... plus* staat alleen *de*. Ze geven 'lege hoeveelheden' aan.
Uitzondering: in een zin met *être* blijft het partitief lidwoord ook na de negatie behouden.
Voorbeeld: *C'est **du** café?* *Non, ce n'est pas **du** café.*

③ **La salade** est bonne pour la santé.
Sla is goed voor de gezondheid.

④ Moi, j'aime bien **la salade.**	Ik lust graag **sla.**
Non, je **n'aime pas la** salade, je préfère **les fruits.**	Ik lust geen **sla,** ik verkies **fruit.**

Bij generaliseringen ③ en na de werkwoorden *aimer* en *préférer* ④ staat echter ook bij onbepaalde hoeveelheden het bepaald lidwoord – zelfs in geval van negatie.

⑤ Je bois le thé **sans lait.** Mais j'aime le café avec **du sucre.**

⑥ Après le sport, Sophie **a faim** et Daniel **a soif.**
Valérie est seule à la maison, alors elle **a peur.**

Nog enkele uitzonderingen:

- Na *sans* staat geen lidwoord ⑤. In tegenstelling daarmee verlangt *avec* in de regel het partitief lidwoord. (Uitzondering: *avec plaisir*)
- Bij *avoir faim*, *avoir soif*, *avoir peur* staat geen lidwoord ⑥.

3 Werkwoorden
Les verbes

3.1 Vervoeging

Infinitief:		parler ①	aller ②	
1ste persoon	je	parle	**vais**	
2de persoon	tu	parles	**vas**	enkelvoud
3de persoon	elle/il/on	parle	**va**	
1ste persoon	nous	parl**ons**	all**ons**	
2de persoon	vous	parl**ez**	all**ez**	meervoud
3de persoon	elles/ils	parl**ent**	**vont**	

De werkwoordsvorm verandert afhankelijk van het subject waarbij hij staat. In het Frans komen regelmatige ① en onregelmatige ② werkwoorden voor.
Bij een negatie wordt het vervoegde werkwoord omsloten door de elementen van de negatie (*ne ... pas* = negatieklem). (→ 1.5, blz. 53)

VB **Voorbeelden:** *Elle **ne** rentre **pas** avant minuit.*
*Ils **ne** retrouvent **plus** le chemin.*

3.2 De onpersoonlijke werkwoordsvorm *il faut*

Il faut trouver une solution!
Allez, Valérie, **il faut** rentrer.
Jérôme, **il faut** ranger ta chambre.

Faut is een vaststaande onpersoonlijke werkwoordsvorm die alleen met het persoonlijk voornaamwoord *il* voorkomt.
Met *il faut* kan men iemand bevelen iets te doen.
Vaak komt daarna een werkwoord in de infinitief.
In het Nederlands wordt *il faut* het best door het modaal werkwoord 'moeten' vertaald.

3.3 De bevelende vorm (imperatief)

Regarde.	Kijk!
Regardons.	Laten we kijken!
Regardez.	Kijk!
Ouvre.	Open!
Ouvrons.	Laten we openen!
Ouvrez.	Open!

De imperatief wordt gebruikt om iemand een bevel te geven. In het Frans zijn er drie verschillende vormen voor de imperatief. Het persoonlijk voornaamwoord valt weg.
De uitgang van de imperatief in het enkelvoud strookt – enkele uitzonderingen buiten beschouwing gelaten – met de uitgang van de eerste persoon enkelvoud.

Let op: de imperatief enkelvoud van *aller* is een uitzondering: *Va*. Ga!

In sommige gevallen is het effect van de imperatief te direct. Dan genieten andere formuleringen de voorkeur.

Voorbeelden: *Tu peux continuer? Il faut continuer. Est-ce que nous pouvons continuer? Et si on continuait? On continue?*

3.4 Wederkerende werkwoorden in de tegenwoordige tijd

		Wederkerende voornaamwoorden		Imperatief
Infinitief:		**se**	reposer	
1ste persoon	je	**me**	repose	
2de persoon	tu	**te**	reposes	
3de persoon	elle/il	**se**	repose	repose-toi
1ste persoon	nous	**nous**	reposons	reposons-nous
2de persoon	vous	**vous**	reposez	reposez-vous
3de persoon	elles/ils	**se**	reposent	

Wederkerende werkwoorden zijn altijd van een wederkerend voornaamwoord vergezeld. Dat verwijst altijd naar dezelfde persoon of zaak als het subject van de zin.
De imperatief van wederkerende werkwoorden wordt gevormd aan de hand van de beklemtoonde vorm van het voornaamwoord plus koppelteken.

Je **m'amuse** beaucoup en vacances.
Je **ne** me cache **pas.**

In tegenstelling tot het Nederlands staat het wederkerende voornaamwoord in het Frans voor het vervoegde werkwoord. Wederkerende voornaamwoorden en de vervoegde werkwoordsvorm vormen een onscheidbare eenheid.
De negatie omsluit beide als een klem.

4 Infinitiefconstructies
Les constructions avec l'infinitif

4.1 Infinitiefcomplementen zonder voorzetsel

Tu **peux venir** chez moi ce soir?
Je **voudrais** bien, mais je ne **peux** pas **venir**.
Je **dois faire** attention à ma petite soeur.

Indien op een modaal werkwoord (*pouvoir, devoir, vouloir, savoir*) een ander werkwoord volgt, staat dat tweede werkwoord altijd in de infinitief.
De negatie omsluit het vervoegde (hier: modale) werkwoord.

Leertip: helaas zijn de modale werkwoorden onregelmatig. Die vormen moet u dus uit het hoofd leren. (→ Tabel met onregelmatige werkwoorden, blz. 96.)

J'**aime** bien **faire** du tennis, mais je **préfère** encore **regarder** un film à la télé.

De werkwoorden *aimer faire qc* (iets graag doen) en *préférer faire qc* (verkiezen iets te doen) drukken een voorkeur uit.
Na die werkwoorden staat de infinitief zonder voorzetsel.

Let op: het werkwoord *préférer* is in de vormen met beklemtoonde uitgang (*nous, vous*) licht onregelmatig. (→ Tabel met onregelmatige werkwoorden, blz. 96.)

4.2 Infinitiefcomplementen met *de*

J'ai envie **d'aller** chez toi, mais malheureusement, je n'ai pas le temps **de sortir**.

Het Frans telt een hele reeks werkwoorden en zinswendingen waarbij de infinitief samen met het voorzetsel *de* wordt gebruikt. Daartoe behoren:

avoir besoin...		iets moeten doen, iets nodig hebben	
avoir envie...		zin hebben...	
avoir peur...		angst hebben...	
avoir le temps...		tijd hebben...	
être content...		tevreden zijn...	
être triste...		droevig zijn...	
être dangereux...		gevaarlijk zijn...	
essayer...	*de faire qc*	proberen...	iets te doen
proposer...		voorstellen...	
rêver...		dromen...	
oublier...		vergeten...	
décider...		beslissen...	
dire à qn...		aan iemand zeggen...	
être en train...		bezig zijn...	
venir...		zonet iets gedaan hebben	

4.3 Infinitiefcomplementen met *à*

Pascal, tu as encore tes devoirs **à faire**.
Oui, oui, je commence **à** les **faire** tout de suite.

Sommige werkwoorden gaan vergezeld van het voorzetsel *à*. Daartoe behoren:

aider...		iemand helpen...	
apprendre...		leren...	
commencer...		beginnen...	
continuer...	*à faire qc*	doorgaan...	iets te doen
inviter...		uitnodigen...	
penser...		eraan denken...	
avoir...		iets te doen hebben	

4.4 Infinitief en objectvoornaamwoorden

Tu sais faire l'**exercice**, Paul?
Bien sûr, je sais **le** faire!

Pascal, tu n'oublies pas de faire **tes devoirs**?
Mais non, je viens de **les** faire.

Sophie doit écrire **à sa tante Louise**,
mais elle oublie de **lui** écrire.

➔ Het objectvoornaamwoord (→ 8.1 en 8.2, blz. 37/38) staat altijd voor het werkwoord waarop het betrekking heeft. Als het – zoals in de voorbeeldzinnen – betrekking heeft op de infinitief, staat het objectvoornaamwoord voor de infinitief en niet voor het vervoegde werkwoord.

4.5 Infinitiefcomplementen zonder voorzetsel

Modale werkwoorden
Elle **ose parler** devant un grand public.

Werkwoorden die een beweging uitdrukken
Attends, je **viens** t'**aider**.

Werkwoorden die een gedachte of een doel uitdrukken
Avec son diplôme, il **espère trouver** du travail.

Werkwoorden die een wil of een gevoel uitdrukken
Je **déteste écouter** la musique rap.

Werkwoorden die een waarneming uitdrukken
Toute la nuit, on **entendait** le bébé **pleurer**.

➔ Bij die vijf werkwoordgroepen wordt de infinitief zonder voorzetsel gebruikt.

4.6 Infinitiefcomplementen met *à*

Werkwoord + *à* + infinitief

Je n'arrive pas **à ouvrir** cette boîte.
Je ne peux pas m'habituer **à travailler** la nuit.

Werkwoord + direct personenobject + *à* + infinitief

On invite **M. Steiner à dîner.**

Werkwoord + indirect personenobject + *à* + infinitief

Un bon professeur montre **aux élèves à trouver** les fautes eux-mêmes.

De werkwoorden waarna de infinitief met *à* voorkomt, zijn helaas niet zo duidelijk in groepen onder te verdelen als de werkwoorden met infinitief zonder voorzetsel.
Sommige eisen voor het infinitiefcomplement met *à* een direct of indirect personenobject.

4.7 Infinitiefcomplementen met *de*

Werkwoorden + *de* + infinitief

N'oublie pas **de fermer** le poste de télévision.
Vite, Aurélie, dépêche-toi **de terminer** tes devoirs!

Werkwoorden + direct personenobject + *de* + infinitief

Je ne peux pas empêcher **Christine de partir** seule.

Werkwoorden + indirect personenobject + *de* + infinitief

J'ai promis **à mes parents de rentrer** à 23 heures.

Bovendien eisen bepaalde werkwoorden waarna de infinitief met *de* staat voor het infinitiefcomplement een direct of indirect personenobject.

Leertip: u kunt het best de betreffende infinitieven met hun voorzetsels uit het hoofd leren.

4.8 Infinitiefcomplementen na bepaalde voorzetsels

① D'abord vous buvez 'Brasilia'. Ensuite vous commencez votre journée de travail.
Buvez 'Brasilia' **avant de commencer** votre journée de travail.

② Vous prenez votre douche. Après vous prenez 'Crémalie'.
Utilisez 'Crémalie' **après avoir pris** votre douche!

③ Vous ne voulez pas arriver trop tard? Prenez le métro!
Prenez le métro **pour** ne pas **arriver** trop tard!

④ Il est parti et il n'a pas laissé son adresse.
Il est parti **sans laisser** d'adresse.

In bepaalde omstandigheden is het stilistisch eleganter in plaats van twee zinnen slechts een zin met een infinitiefcomplement te construeren. De verbinding van twee zinnen is in elk geval slechts onder de volgende condities mogelijk:

- Tussen beide zinnen moet een temporele ①/②, een finale (doel-) ③ of een modale ④ relatie bestaan.
- Beide zinnen moeten hetzelfde subject hebben.

Bovendien moet men bij het construeren van zulke zinnen letten op:

- Na *après* staat altijd de infinitief in de voltooid tegenwoordige tijd.
- Na *sans* staat soms de infinitief in de voltooid tegenwoordige tijd.
- De elementen van de negatie staan gesloten voor de infinitief ③.
- Alleen *avant* gaat vergezeld van *de*. Op *après*, *pour* en *sans* volgt de infinitief onmiddellijk.

5. Tijd- en plaatsaanduidingen

5.1 Voorzetsels van plaats

Sophie est **à** la maison.	thuis
Le chat est **dans** la cuisine.	in
Paris est **en** France.	in
Le bol de lait est **sur** la table.	op
Le chat est **sous** la table.	onder
Les chaussures sont **derrière** le lit.	achter
Valérie est **devant** la télé.	voor
La chaise est **entre** le lit et la télé.	tussen
Daniel arrive **chez** les Genêt.	bij
L'église est **à gauche de** la poste.	links van
Le café est **à droite de** l'hôtel.	rechts van
Le métro est **près du** collège.	dicht bij
Le terrain de sport est **à côté de** l'école.	naast
La piscine est **loin du** centre-ville.	ver van

Voor het voorzetsel 'in' zijn er in het Frans meer mogelijkheden: *à*, *dans* en *en*. Het voorzetsel *à* geeft aan dat iemand ergens binnen een ruimte of plaats is, het voorzetsel *dans* bepaalt de plaats nauwkeuriger.

VB **Voorbeeld:** *Pierre est à la piscine.* Pierre is in het zwembad (het gebouw).
*Pierre est **dans** la piscine.* Pierre is in het zwembad (in het water).

En wordt bij bepaalde landsnamen en in verbinding met bepaalde naamwoorden (*en ville*) gebruikt. (→ 5.2, blz. 25)
Bepaalde voorzetsels eisen *de*.

!!! **Leertip:** het best leert u bij elke nieuwe plaatsbepaling onmiddellijk of ze met of zonder *de* wordt gebruikt.

① La voiture de M. Leblanc **est devant la maison.**

② **Devant la maison, il y a** la voiture de M. Leblanc.

③ **A la piscine,** il y a un terrain de jeu.
A la piscine, il y a beaucoup de gens.
Maar: M. et Mme Picard sont **à la gare.**

Plaatsbepalingen staan in het Frans meestal aan het zinseinde ①. Als ze echter aan het begin van de zin staan, kan de zin niet met *être* verder worden geconstrueerd. Dan dient de formule *il y a* te worden gebruikt ②. *Il y a* wordt bij voorwerpen en onbepaalde groepen personen gebruikt. Bij bepaalde personen ③ wordt deze constructie echter vermeden. De plaatsbepaling staat dan aan het zinseinde.

5.2 Lands- en stadsnamen en hun voorzetsels

La Belgique, l'Italie, la Pologne, la Suède, la France,...
Je vais aller **en** Belgique. Je viens **de** Belgique.
Moi, je vais **en** Italie. Et moi, j'arrive **d'**Italie.

le Portugal, les Pays-Bas, le Danemark,...
Nous allons **au** Portugal. Nous venons **du** Portugal.
Jean part **aux** Pays-Bas. Il rentre **des** Pays-Bas.

Het merendeel van de landsnamen is vrouwelijk.
Na de werkwoorden *être, rester, aller, partir, voyager* staat
- bij vrouwelijke landsnamen *en*;
- bij mannelijke landsnamen *au/aux*.

Na de werkwoorden *(re)venir, arriver, rentrer* staat
- bij vrouwelijke landsnamen *de/d'*;
- bij mannelijke landsnamen *du/des*.

Les Leblanc habitent **à** Paris.
Le grand-père de Sophie part **pour** Rouen.
Les grands-parents de Marie arrivent **de** Strasbourg.

Stadsnamen hebben in de regel alleen een voorzetsel en geen lidwoord bij zich, tenzij de stad zelf van een lidwoord is voorzien, zoals bij *Le Mans, Le Havre, La Rochelle,...*

Voorbeelden: *Sophie rentre* ***de La*** *Rochelle.*
Daniel passe une semaine ***au*** *Mans.* (versmelting!)

5.3 Voorzetsels van tijd

A une heure, les amis mangent chez Sophie.	Om
Avant, ils vont chercher leurs affaires de bain.	Eerst
Pendant le déjeuner, ils s'amusent bien.	Tijdens
Après le déjeuner, ils prennent leurs sacs.	Na
Ensuite, ils vont à la piscine.	Vervolgens
D'abord, ils jouent au volley.	Eerst
Puis, ils nagent dans la piscine.	Daarna
Enfin, ils rentrent à la maison.	Uiteindelijk

In tegenstelling tot de voorzetsels van plaats staan de voorzetsels van tijd meestal aan het begin van een zin en worden ze met een komma afgescheiden. Ze kunnen echter ook aan het zinseinde voorkomen.

Voorbeeld: ***A une heure****, les amis mangent chez Sophie.*
Les amis mangent chez Sophie ***à une heure****.*

5.4 Tijdaanduidingen

Il est deux heures **dix**.	Het is tien over twee.
Il est deux heures **et quart**.	Het is kwart over twee.
Il est deux heures **et demie**.	Het is half drie.
Il est trois heures **moins dix**.	Het is tien voor drie.
Il est trois heures **moins le quart**.	Het is kwart voor drie.
Il est **midi**.	Het is middag.
Il est **minuit**.	Het is middernacht.

In de eerste helft van een uur worden de minuten zonder voegwoord bij het voorgaande uur gevoegd. Alleen bij 'kwart over' en bij het halfuur wordt *et* ertussen geschoven.

Let op: let bij *demie* op de *-e* aan het eind.

In de tweede helft van een uur worden de minuten van het volgende volle uur afgetrokken en wordt *moins* toegevoegd. Alleen bij 'kwart voor' wordt *le* toegevoegd: *moins le quart*. Voor twaalf uur 's middags en 's nachts zijn er speciale uitdrukkingen: *midi* en *minuit*.

A six heures et demie, Mme Leblanc prend sa douche.
A huit heures, elle va au travail, **à midi** elle revient.

Le matin, elle est au bureau.
L'après-midi, elle fait des courses.

Om een exact tijdstip aan te duiden wordt *à + ... heure(s)* gebruikt. Ter aanduiding van een tijdspanne worden de bepaalde lidwoorden *le, l', la* gebruikt. Zo wordt in het Frans bij ' 's' + deel van de dag geen voorzetsel maar een bepaald lidwoord gebruikt: ***le** matin*.

Aujourd'hui c'est **lundi**.
Le lundi, on a cours de huit heures à deux heures.

In de regel komen de weekdagen *lundi, mardi, mercredi, jeudi, vendredi, samedi, dimanche* zonder lidwoord voor.
Als het echter regelmatige activiteiten betreft, wordt het bepaald lidwoord gebruikt.

6 Adjectieven
Les adjectifs

6.1 De verbuiging van het adjectief

un film intéressant	une idée intéressante
des films intéressants	des idées intéressantes

Het adjectief wordt in het Frans verbogen volgens het geslacht en het getal van het naamwoord waarop het betrekking heeft.
In de meeste gevallen zijn de adjectiefuitgangen:

mannelijk enkelvoud: -	vrouwelijk enkelvoud: *e*
mannelijk meervoud: *s*	vrouwelijk meervoud: *es*

Als de basisvorm van adjectieven al op *-e* eindigt, zijn de mannelijke en vrouwelijke vormen gelijk.

Voorbeelden:	*un village triste*	*une ville triste*
	des villages tristes	*des villes tristes*

Als de adjectieven in hun basisvorm op *-s* eindigen, zijn de mannelijke vormen in het enkelvoud en meervoud dezelfde.

Voorbeelden:	*un boulevard gris*	*une rue grise*
	des boulevards gris	*des rues grises*

De adjectieven *orange, marron, bon marché, chic* blijven in alle vormen onveranderd.

Voorbeelden:	*un sac orange*	*une tente orange*
	des sacs orange	*des tentes orange*

6.2 Bijzondere adjectiefvormen

	masculin	féminin
Enkelvoud:	un vieux camion un **vieil** anorak	une vieille voiture
Meervoud:	des vieux camions des vieux anoraks	des vieilles voitures

➲ Bepaalde adjectieven hebben in het mannelijk enkelvoud twee vormen. Als het naamwoord met een klinker of met een doffe *h* begint, worden in het mannelijk enkelvoud bijzondere vormen gebruikt. Dat geldt ook voor:

*beau/**bel***	*belle*	*beaux*	*belles*
*nouveau/**nouvel***	*nouvelle*	*nouveaux*	*nouvelles*

	masculin	féminin	
Enkelvoud:	blanc	blanche	wit
	bon	bonne	goed
	gentil	gentille	vriendelijk
	cher	chère	lief, duur
	long	longue	lang
	fou	folle	gek
	heureux	heureuse	gelukkig
	gros	grosse	dik
	faux	fausse	vals

➲ Een hele reeks adjectieven heeft een mannelijke en een vrouwelijke vorm die u het best uit het hoofd kunt leren.
Als de mannelijke enkelvoudsvorm op *-eux* eindigt, eindigt de vrouwelijke enkelvoudsvorm op *-euse*.
Als de mannelijke enkelvoudsvorm op *-s* of *-x* eindigt, komt er in het meervoud geen *-s* meer bij.

6.3 Plaats van de adjectieven

un **grand** garçon	een grote jongen
un **bel** anorak	een mooie regenjas
une voiture **française**	een Franse wagen
un garçon **intelligent**	een intelligente jongen
des anoraks **rouges**	rode regenjassen

Anders dan in het Nederlands kan het adjectief in het Frans voor of na het naamwoord staan.

- Voor het naamwoord staan meestal korte adjectieven, zoals: *grand, petit, joli, bon*.
- Na het naamwoord staan meestal langere adjectieven en alle kleuradjectieven. Die groep omvat het merendeel van de Franse adjectieven.

6.4 Verschillende betekenis naargelang de plaats

In het Frans zijn er vele adjectieven die zowel voor als achter het naamwoord kunnen staan – de betekenis verandert dan naargelang de plaats.

chère Sophie lieve	une voiture **chère** duur
un **ancien** collègue ex-	une locomotive **ancienne** oud
le **dernier** bus de laatste	l'année **dernière** het vorige
un **méchant** rhume sterk	un chien **méchant** kwaadaardig
un **pauvre** type betreurenswaardig	un pays **pauvre** arm
mon **propre** cahier mijn eigen	une serviette **propre** zuiver
une **sale** affaire een duistere	une assiette **sale** vuil
une **seule** fois enkel	une personne **seule** eenzaam
un **vrai** problème een formeel	une histoire **vraie** waar
différents pays verscheiden	des pays **différents** verschillend

Leertip: het best kunt u die adjectieven onmiddellijk met hun verschillende betekenis leren.

6.5 Trappen van vergelijking

Véronique est sportive.	
Pour moi Sophie est **plus** sportive.	vergelijkende trap (comparatief)
Mais non, Christine est **la plus** sportive.	overtreffende trap (superlatief)

Bij de trappen van vergelijking worden de vergelijkende en de overtreffende trap onderscheiden:

- De vergelijkende trap vergelijkt twee zaken of personen.
- De overtreffende trap drukt de hoogste gradatie uit.

Het adjectief past zich alleen aan het subject aan.

Sophie est **plus** sportive **que** Marie.	sportiever
Marie est **moins** sportive **que** Jeanne.	minder
Marie **n'est pas aussi** sportive **que** Sophie.	niet zo
Sarah est **aussi** sportive **que** Christine.	even

De vergelijkende trap wordt dus aan de hand van de volgende elementen geconstrueerd:

plus
moins
ne ... pas aussi
aussi
+ *que* + adjectief

Slechts één adjectief verandert volledig in de vergelijkende trap: *bon, bonne* wordt *meilleur,-e* (beter).

V*oorbeeld: Frédo est* ***bon*** *en français, mais Marie est* ***meilleure****.*

① Paris est **la plus grande** ville de France.	de grootste
Beaune est **une des plus belles** villes de la France.	een van de mooiste
② Paris est la ville **la plus intéressante.**	de interessantste
Le Maxime est un des restaurants **les plus chers de** Paris.	een van de duurste

Bij een overtreffende trap zijn er de volgende mogelijkheden:

le/la/les plus + adjectief + *de*
un/une des plus + adjectief + *de*
Het vooraan ① of achteraan ② plaatsen van het adjectief wordt ook in de overtreffende trap behouden. (6.3, blz. 29/30)
Voor de overtreffende trap van de adjectieven *bon,-ne* en *mauvais,-e* zijn er speciale vormen:
bon,-ne wordt *le meilleur/la meilleure/les meilleur(e)s*,
mauvais,-e wordt *le pire/la pire/les pires*.

VB **Voorbeelden:** *Le café Flore est **un des meilleurs** cafés de Paris.*
*Le sida (aids) est **une des pires** maladies.*

6.6 Adjectieven met complement

①	Paulette est **amoureuse de** Paul.	verliefd op
	Pierre est **étonné de** rencontrer Sophie.	verbaasd
②	Paulette est **fidèle à** Victor.	trouw
	Il est **prêt à** payer une glace à son amie.	bereid te
③	Pierre est **gentil avec** Sophie.	aardig voor
	Paul est **sévère envers** sa petite soeur.	streng voor
	Pauline est **célèbre pour** son courage.	bekend om
	Paul est **fort en** maths.	sterk in

Sommige adjectieven kunnen aan de hand van een voorzetsel met een nominale groep of infinitiefconstructie worden uitgebreid.

- Bij de meeste adjectieven die een bepaling bij zich hebben, wordt die laatste met *de* ingeleid ①.
- Bij sommige wordt *à* gebruikt ②.
- Bij adjectieven die het gedrag tegenover een persoon of een zaak beschrijven, wordt de bepaling met *avec, envers* of *pour* gevormd, het voorzetsel *en* komt samen met het adjectief *fort* voor ③.

!!! **Leertip:** als u nieuwe adjectieven tegenkomt, kunt u ze het best onmiddellijk met het bijhorende voorzetsel leren.

7 Bijwoorden

Les adverbes

Een bijwoord kan een werkwoord (*elle parle **vite***), een adjectief (*elle est **très** drôle*) of ook andere bijwoorden (*elle parle **trop** vite*) nader bepalen.
Er zijn bijwoorden van tijd (bv. *alors*), van plaats (bv. *ici*), van hoeveelheid/graad (bv. *beaucoup/très*), van manier en wijze (bv. *bien*).
Bijwoorden zijn onveranderlijk.

7.1 De plaats in de zin

Il parle **beaucoup**.	veel
Il reste **encore** des crêpes.	nog
Sophie parle **vite**.	snel
Elle parle **trop** vite.	te
Valérie, rentre **tout de suite** du balcon!	onmiddellijk
Daniel travaille **bien** à l'école.	goed
Je <u>ne</u> suis <u>pas</u> **souvent** chez ma mère.	dikwijls
Elle <u>est</u> **toujours** rentrée à 15 heures.	altijd
J'<u>aime</u> **bien** écouter de la musique.	graag

➔ De meeste bijwoorden staan na het vervoegde werkwoord.
In een negatie volgt het bijwoord onmiddellijk op een deel van de negatie.
In samengestelde tijden staan ze na de vervoegde vorm van *aller, avoir* of *être*.
Daar <u>kunnen</u> ze echter ook na het deelwoord of de infinitief staan.
Uitzondering: De bijwoorden *tard, tôt, avant, après* en *ensemble* moeten bij samengestelde tijden achter het deelwoord of de infinitief staan.

VB **Voorbeelden:** *Après la soirée dansante, ils sont rentrés **tard**.*
*C'était chouette, on pouvait jouer **ensemble**.*

Maintenant, on va faire une boum.	nu
Alors, on y va?	nu, dan
Tout à coup, j'entends un bruit.	plotseling
Tu vois la blonde **là-bas**?	ginder, daar

Bijwoorden van een bepaalde tijd of plaats staan daarentegen meestal aan het begin of einde van de zin.

Elle est **très** drôle.	zeer
Il est **bien** fatigué.	graag, erg
On nous a servi ce plat **bien** chaud.	zeer, goed
Il est **peut-être** à la maison.	misschien
Peut-être qu'il est à la maison.	

Het bijwoord *très* staat altijd voor het adjectief of bijwoord waarbij het hoort.
Ook *bien* kan bij een adjectief of bijwoord horen en heeft dan dezelfde plaats.
Let op bij *peut-être*! Daar kiest men het best voor de plaats na het vervoegde werkwoord, want bij vooropstelling mag in geen geval *que* of *qu'* worden vergeten.

Curieusement, les cambrioleurs (inbrekers) n'ont pas trouvé le coffre-fort.
Alors, ils sont partis sans rien faire.

Bijwoorden die een zin nader bepalen (*malheureusement*,...) of zinnen verbinden (*puis, alors, tout à coup*,...), staan aan het begin van de zin en worden met een komma afgesloten.

7.2 Afgeleide bijwoorden

Il y a 80 ans, les trains étaient **lents.**
Ils allaient **lentement.**

Aujourd'hui, ils sont **rapides.**
On voyage **rapidement** avec le TGV.

Naast de eenvoudige of 'oorspronkelijke' bijwoorden zijn er ook bijwoorden die van adjectieven worden afgeleid – men noemt ze daarom ook 'afgeleide' bijwoorden.
De afgeleide bijwoorden worden gevormd door aan de vrouwelijke vorm van het adjectief de lettergreep *-ment* toe te voegen. Voor de rest blijven ze onveranderd.

①	vrai	vraiment
	poli	poliment
	absolu	absolument
②	différent	différemment
	suffisant	suffisamment
③	énorme	énormément
	précis,-e	précisément
	profond,-e	profondément

Een uitzondering vormen de adjectieven die in de mannelijke vorm op *-ai*, *-i* en *-u* eindigen ①. Ze vormen het bijwoord op basis van de mannelijke vorm.
Een uitzondering op die uitzondering: *gai,-e* (vrolijk) → *gaiement.*
Ook uitzonderingen zijn alle adjectieven die op *-ent* en *-ant* eindigen ②. Ze vormen het bijwoord op *-emment* en *-amment*. Ook daar is er een uitzondering op de uitzondering: *lent,-e* → *lentement.*
Bij adjectieven zoals *énorme*, *précis,-e* en *profond,-e* ③ wordt de *e* een *é*. Nog enkele uitzonderingen:

gentil,-le	*gentiment*	*grave*	*grièvement (gravement)*
bref, brève	*brièvement*	*rapide*	*vite (rapidement)*

7.3 Bijwoordelijk gebruikte adjectieven

acheter **français/anglais...**	(alleen) Franse/Engelse... goederen kopen
parler **bas/fort/allemand...**	stil/luid/Duits spreken
chanter **juste/faux**	juist/vals zingen
sentir **bon/mauvais/fort**	goed/slecht/sterk ruiken
coûter/acheter/payer **cher**	duur zijn/kopen/betalen
gagner **gros**	veel verdienen
marcher **droit**	rechtop gaan
aller tout **droit**	rechtdoor gaan/rijden
travailler **dur**	hard werken

In verbinding met bepaalde werkwoorden nemen adjectieven de rol van bijwoorden over. Net als de bijwoorden zijn ze dan onveranderlijk en staan ze altijd achter het bijhorende werkwoord.

8 Voornaamwoorden

Les pronoms

Door middel van voornaamwoorden kunnen andere woorden of woordgroepen worden vervangen.

8.1 Directe objectvoornaamwoorden

Tu prépares	**le café?**	Oui, je **le** prépare.
Tu répares	**la radio?**	Oui, je **la** répare.
Tu as acheté	**le journal?**	Oui, je **l'**ai acheté.
Tu cherches	**les photos?**	Oui, je **les** cherche.

Een direct object (lijdend voorwerp: wie of wat?) is een complement dat onmiddellijk (dus direct) na het werkwoord staat. Om het directe object door een voornaamwoord te vervangen, gebruikt men de directe objectvoornaamwoorden:

- *le* voor mannelijke naamwoorden in het enkelvoud,
- *la* voor vrouwelijke naamwoorden in het enkelvoud, of
- *les* voor mannelijke en vrouwelijke naamwoorden in het meervoud.

Le en *la* worden voor een klinker *l'*.
Het directe objectvoornaamwoord staat in de regel <u>voor</u> het vervoegde werkwoord.

Tu **me** comprends?	me
Je **te** cherche.	je
Tu **nous** invites.	ons
Je **vous** cherche.	jullie/u

Ook de directe objectvoornaamwoorden 1ste en 2de persoon enkelvoud staan voor het vervoegde werkwoord. *Me* en *te* krijgen voor een doffe *h* een weglatingsteken.
Uiteraard is de werkwoordsvorm nog altijd van het zinssubject (*nous vous cherchons*) afhankelijk.

Regarde ta chambre et range-**la** enfin!
Regarde-**nous** pour la photo!

Regarde-**moi**.
Lave-**toi**.

Als complement bij een bevelende vorm komt het direct persoonlijk voornaamwoord na het werkwoord voor. *Me* en *te* worden dan door de zelfstandige persoonlijke voornaamwoorden vervangen. (→ 8.3, blz. 39)

Paul **ne** voit **pas** le bateau.
Paul **ne** le voit **pas**.

De negatieklem omsluit behalve het vervoegde werkwoord ook het objectvoornaamwoord.

8.2 Indirecte objectvoornaamwoorden

Tu montres le Louvre à **Frédéric**?
Oui, je **lui** montre le Louvre.
Tu racontes une histoire **à Claire**?
Oui, je **lui** raconte une histoire.
Tu donnes le journal **aux parents**?
Bon, je **leur** donne le journal.

Een indirect object (meewerkend voorwerp: aan/voor wie?) is een complement dat samen met het voorzetsel *à* of *de* (indirect dus) na het werkwoord staat.
Om het indirecte object door een voornaamwoord te vervangen, gebruikt men de indirecte objectvoornaamwoorden:

- *lui* voor mannelijke en vrouwelijke naamwoorden in het enkelvoud (aan hem/haar),
- *leur* voor mannelijke en vrouwelijke naamwoorden in het meervoud (aan hen).

Ook het indirecte objectvoornaamwoord staat in de regel voor het vervoegde werkwoord.

Let op: verwissel het indirecte objectvoornaamwoord *leur* niet met de bezittelijke voornaamwoorden *leur* en *leurs*. (2.1, blz. 12)

Tu **me** réponds?	mij
Je **te** réponds.	jou
Il **nous** offre un coca.	ons
Je **vous** raconte une histoire.	jullie/u

De indirecte objectvoornaamwoorden hebben dezelfde vorm als de directe objectvoornaamwoorden.
In samenhang met een bevelende vorm worden ook de indirecte objectvoornaamwoorden *me* en *te* door *moi* en *toi* vervangen: *Ecris-moi vite.*

Véronique **ne** téléphone **pas** à ses parents.
Véronique **ne** leur téléphone **pas.**

De negatieklem omsluit behalve het vervoegde werkwoord ook het objectvoornaamwoord.

8.3 Zelfstandige persoonlijke voornaamwoorden

- Qui est là? - C'est **moi.** ②
- Voilà un disque. Il est à **toi?** ④
- Le téléphone sonne. - C'est **elle,** peut-être. ②
- Ah, un disque de Renaud. Ce disque, tu es sûr que c'est de **lui?** ③

- Qui veut du champagne? - **Nous!** ①
- Pour **vous** j'ai du cidre. ③
- Ce sont **elles** qui ont fait ce gâteau? ②
- Non, ce sont **eux,** les garçons! ②

De zelfstandige persoonlijke voornaamwoorden *moi, toi, elle, lui, nous, vous, elles, eux* staan in tegenstelling tot de persoonlijke voornaamwoorden *je, tu,...* niet in onmiddellijke samenhang met een werkwoord.

Ze worden in de volgende gevallen gebruikt:
① – in uitingen zonder werkwoord,
② – na *c'est/ce sont*,
③ – na voorzetsels (*de, pour,...*),
④ – met *être à*, om een bezit of een rangorde aan te duiden.
Ook indien de persoon dient te worden benadrukt, wordt het zelfstandig persoonlijk voornaamwoord voorop geplaatst: *Lui, il est pilote.*
In het Nederlands bestaat er geen bijzondere vorm voor de zelfstandige persoonlijke voornaamwoorden. Het accentueren is slechts d.m.v. beklemtoning mogelijk: Ik ben Hugo.

8.4 De betrekkelijke voornaamwoorden *qui*, *que* en *dont*

Valérie est une petite fille.	Elle a les cheveux roux.
Valérie est une petite fille.	**qui** a les cheveux roux.

Met het betrekkelijk voornaamwoord *qui* kunnen onafhankelijke hoofdzinnen tot een samengestelde zin worden verbonden. De samengestelde zin bestaat uit een hoofdzin en een ondergeschikte zin (hier: een relatiefzin). In die relatiefzin is *qui* het subject. Het staat voor personen en zaken uit de hoofdzin en moet onmiddellijk naast zijn antecedent (hier: *une petite fille*) staan.
Het betrekkelijk voornaamwoord *qui* is onveranderlijk en krijgt ook voor een klinker geen weglatingsteken.

Let op: in het Frans staat tussen de hoofd- en bijzin geen komma!

Valérie fait sonner le réveil de son frère à trois heures du matin. Elle aime bien faire des farces.

Valérie, **qui** aime bien faire des farces (grappen), fait sonner le réveil de son frère à trois heures du matin.

De ondergeschikte zin (relatiefzin) kan echter ook omsloten worden. In dat geval staat hij tussen twee komma's.
Daarnaast moet het betrekkelijk voornaamwoord *qui* in de nieuwe samengestelde zin naast zijn antecedent staan (hier: *Valérie*).

Gilles est un animateur **que** Véronique aime beaucoup.

Ook het betrekkelijk voornaamwoord *que* leidt ondergeschikte zinnen in.
In tegenstelling tot *qui* is *que* in de relatiefzin geen subject maar direct object (wie of wat?) – er is al een subject in de ondergeschikte zin (hier: *Véronique*).
Ook *que* staat voor personen en zaken uit de hoofdzin.

Let op: voor een klinker en een doffe *h* krijgt *que* een weglatingsteken: *C'est le bateau* **qu**'ils ont *acheté*.

La France est un pays attachant. J'aurai toujours besoin de ce pays.
La France est un pays attachant **dont** j'aurai toujours besoin.

Simon est un excellent élève. Nous ne nous sommes jamais plaints de Simon/de lui.
Simon est un excellent élève **dont** nous ne nous sommes jamais plaints.

Het betrekkelijk voornaamwoord **dont** vervangt een complement met *de*.

8.5 Het voorop plaatsen met *c'est ... qui* en *c'est ... que*

C'est moi **qui** ai téléphoné.
C'est nous **qui** passons vous prendre.
Ce sont elles **qui** téléphonent tout le temps.

① **C'est** Daniel **que** j'ai vu.
② **C'est** à Marc **que** Véronique écrit.
③ **C'est** à cause du bus **que** Sophie est en retard.
C'est là **que** nous habitons.
C'est hier **qu**'il est arrivé.
④ **Ce sont** les abricots **que** nous avons pris au marché.

➲ In het Frans worden bepaalde zinsdelen voorop geplaatst aan de hand van de zinswendingen *c'est ... qui* of *c'est ... que*. In het Nederlands wordt het betreffende zinsdeel alleen door beklemtoning geaccentueerd.
C'est ... qui wordt gebruikt als het subject voorop geplaatst dient te worden. Het werkwoord is dan afhankelijk van het subject dat door *c'est ... qui* voorop wordt geplaatst.
Ook bij de 1ste en 2de persoon meervoud wordt *c'***est** *nous qui*, resp. *c'***est** *vous qui* gebruikt. Slechts in de 3de persoon meervoud gebruikt men *ce* **sont** les enfants qui...
C'est ... que stelt het direct object (wie of wat?) ①, het indirect object (aan wie) ② of een bijwoordelijke bepaling ③ voorop. Ook dan wordt alleen voor de 3de persoon meervoud *ce* **sont** ... *que* gebruikt ④.

8.6 De betrekkelijke voornaamwoorden

Betrekkelijke voornaamwoorden hebben een tweeledige functie. Enerzijds verbinden ze een hoofdzin en een ondergeschikte zin met elkaar. Anderzijds vervangen ze in de ondergeschikte zin (hier: relatiefzin) het naamwoord of voornaamwoord van de hoofdzin, waarop ze betrekking hebben (het zogenaamde antecedent).

betrekkelijk voornaamwoord	functie	Voorbeeld
qui	subject	C'est bien l'<u>acteur</u> **qui** a joué dans 'Trombinateur'? C'est bien <u>lui</u> **qui** a joué dans 'Trombinateur'? C'est une belle <u>plage</u> **qui** est à la mode.
que	direct object	Ces <u>personnes</u> **qu'**il a vues n'étaient pas ses parents. Le <u>film</u> **que** tu m'as conseillé est vraiment nul!

betrekkelijk voornaamwoord	functie	Voorbeeld
dont	complement met *de*	Ils ont un fils brillant **dont** ils sont fiers. C'est un voyage **dont** je rêve depuis longtemps.
où	plaats- en tijdsbepaling	Montre-moi la <u>maison</u> **où** tu as grandi. C'est le <u>jour</u> **où** il est venu.

De betrekkelijke voornaamwoorden *qui*, *que* en *dont* zijn onveranderlijk. Ze kunnen zowel voor mannelijke als voor vrouwelijke substantieven in het enkelvoud en meervoud worden gebruikt en verwijzen zowel naar personen als naar zaken. Ook het bijwoordelijk betrekkelijk voornaamwoord *où* is onveranderlijk.

8.7 Het bijwoordelijk voornaamwoord *y*

① Nicole est **en France.**	
Elle **y** est.	er
Le chat n'est pas **sur le balcon.**	
Il n'**y** est pas.	er
Rolf va **à Berlin.**	
Il **y** va.	erheen
② Je réfléchis **au test de maths.**	
J'**y** réfléchis.	erover (nadenken)

Het voornaamwoord *y* staat voor bijwoordelijke plaatsbepalingen met de voorzetsels *à, en, derrière, dans, sur,...* ①.
Het betekent dan 'daar' of 'daarin' en drukt een standpunt of richting uit.

Bovendien vervangt *y* voorzetselbepalingen met *à* ②. Dat geldt slechts voor zaken, niet voor personen. Net als de andere objectvoornaamwoorden staat *y* voor het vervoegde werkwoord. In de negatie wordt het samen met het werkwoord door de negatieklem omsloten. Indien een plaatsbepaling samen met een persoon wordt gebruikt, kan *y* niet worden gebruikt. Het kan immers nooit personen vervangen. In dat geval worden de zelfstandige persoonlijke voornaamwoorden gebruikt.

VB **Voorbeeld:** *Je vais* ***chez Pierre.*** Je vais **chez lui.**

Let op: in verbinding met de bevelende vorm krijgt *va* om eufonische redenen een *s*: *Vas-y.*

8.8 Het bijwoordelijk voornaamwoord *en*

	de Toulouse	
Il revient	**de la M.J.C.**	
	du cinéma	
	d'Italie	
Il	**en**	revient

Het voornaamwoord *en* vervangt plaatsbepalingen met *de* die de herkomst uitdrukken.
En staat voor het vervoegde werkwoord en wordt eveneens door de negatieklem omsloten.
Bovendien mag *en* niet ter vervanging van personen worden gebruikt. Daarvoor worden de zelfstandige persoonlijke voornaamwoorden gebruikt.

VB **Voorbeeld:** *Sophie vient* ***de chez Hugo.***
Elle vient ***de chez lui.***

① Tu veux encore **du fromage blanc**?
Oui, j'**en** veux bien.
Tu as encore **des timbres**?
Oui, j'**en** ai trois.

② J'ai pris deux kilos **de tomates.**
J'**en** ai pris deux kilos.
Nous n'avons plus **de jus d'orange.**
Nous n'**en** avons plus.

③ J'ai **trois cassettes de 'Porte 53'.**
J'**en** ai trois.

④ Il a très envie **de gâteaux.**
Il **en** a très envie.

Het bijwoordelijke voornaamwoord *en* vervangt niet alleen plaatsbepalingen met *de*.
En vervangt eveneens:

- onbepaalde hoeveelheidsbepalingen met een partitief lidwoord of een onbepaald lidwoord meervoud + naamwoord ①,
- hoeveelheidsaanduidingen met het partitieve *de* + naamwoord ②,
- telwoorden + naamwoorden ③,
- voorzetselcomplementen met *de* ④.

En kan echter alleen zaken vervangen!
Bij personen worden de zelfstandige persoonlijke voornaamwoorden gebruikt.

VB **Voorbeeld:** *Véronique parle souvent **de ses amis.***
*Elle parle souvent **d'eux.***

8.9 De neutrale voornaamwoorden *ce que* en *ce qui* in de vraagzin

Qu'est-<u>ce que</u> les amis ont acheté au marché?
Wat?
Ils ont acheté **des fleurs.**
lijdend voorwerp (direct object)

Qu'est-<u>ce qui</u> t'intéresse dans le volley?
Wat?
L'esprit d'équipe m'intéresse.
subject

➔ Met *qu'est-ce **que*** vraagt men naar zaken, activiteiten, gebeurtenissen, uitingen, die <u>lijdend voorwerp</u> (direct object) in de zin zijn.
Met *qu'est-ce **qui*** daarentegen vraagt men naar zaken, activiteiten,... die <u>subject</u> in de zin zijn.
In het Nederlands worden beide vragen met 'wat... ?' gesteld. In het Frans echter dient telkens te worden nagegaan of naar het subject of naar het object wordt gevraagd.

directe vragen	indirecte vragen
Qu'est-ce que les amis ont acheté?	Elle a demandé **ce que** les amis ont acheté.
Qu'est-ce qui t'intéresse dans le volley?	Je me demande **ce qui** t'intéresse dans le volley.

➔ Bij het omvormen van een directe vraag naar zaken, activiteiten,... in een indirecte vraag blijven *ce que* en *ce qui* behouden. Ze leiden dan de indirecte vragen in. Met behulp van de volgende werkwoorden kunnen indirecte vragen worden geformuleerd: *(se) demander, s'interroger, ne pas savoir, se poser la question, vouloir savoir,...*
Indien in een indirecte vraagzin toch naar een persoon wordt gevraagd, gebruikt men *qui* – ongeacht of *qui* subject (wie?) of lijdend voorwerp (wie?) is.

VB **Voorbeelden:**

*<u>Qui</u> **est-ce qui** est venu?* — *Elle se demande **qui** est venu.*
*<u>Qui</u> **est-ce que** tu as vu?* — *Elle se demande **qui** tu as vu.*

8.10 De neutrale voornaamwoorden *ce que* en *ce qui* in de relatiefzin

hoofdzin	relatiefzin		
Raconte-moi,	**ce qui** subject	s'est passé.	(wat)
Je ne comprends pas	**ce que** lijdend voorwerp (direct object)	<u>tu</u> as dit. subject	(wat)

Als personen en zaken bedoeld worden, leiden de betrekkelijke voornaamwoorden *qui* en *que* relatiefzinnen in. (→ 8.6, blz. 42) Ook de neutrale voornaamwoorden *ce que* en *ce qui* leiden relatiefzinnen in, maar alleen indien zaken, activiteiten,... bedoeld worden. In het Nederlands worden beide voornaamwoorden door 'wat...?' vertaald. Om te bepalen welk voornaamwoord gebruikt dient te worden, kunnen de volgende overwegingen behulpzaam zijn:

- Indien in de relatiefzin geen ander subject aanwezig is, wordt *ce qui* als dusdanig gebruikt.
- Indien in de relatiefzin al een subject aanwezig is, mag er geen subject meer ingezet worden. In dat geval wordt *ce que* (lijdend voorwerp) gebruikt.

Voilà <u>le jeu</u>	**qui** plaît aux jeunes.
Voilà <u>la poupée</u>	**que** j'ai achetée à Marion.
Je ne vois pas	**ce qui** plaît aux jeunes dans ce jeu.
Je ne sais pas	**ce que** nous pouvons offrir à Marion.

Terwijl de betrekkelijke voornaamwoorden *que* en *qui* altijd na hun antecedent staan (→ 8.4, blz. 40), hebben *ce qui* en *ce que* geen antecedent bij zich – in de hoofdzin staat dus geen naamwoord, dat ze weer opnemen. Ze hebben altijd betrekking op iets onbepaalds en worden daarom ook 'neutrale betrekkelijke voornaamwoorden' genoemd. *Ce que* en *ce qui* kunnen ook aan het begin van een samengestelde zin staan.

VB **Voorbeelden:** ***Ce que** tu dis, est idiot.*
***Ce qui** m'intéresse, c'est les romans policiers.*

8.11 Onbepaalde voornaamwoorden

Aucun <u>ami</u> **ne** m'a répondu.	onbepaald bezittelijk voornaamwoord
Aucun ne m'a répondu.	onbepaald voornaamwoord
Toutes tes <u>soeurs</u> sont venues?	onbepaald bezittelijk voornaamwoord
Oui, **chacune** est venue.	onbepaald voornaamwoord

Terwijl bijvoeglijke onbepaalde voornaamwoorden voor een naamwoord staan, vervangen zelfstandige onbepaalde voornaamwoorden een naamwoord of een nominale groep. Ook de zelfstandige onbepaalde voornaamwoorden zijn qua geslacht en getal afhankelijk van het antecedent dat ze vervangen.
Uitzondering: *Plusieurs* blijft zoals een telwoord onveranderlijk.
Enkele onbepaalde voornaamwoorden kunnen door een substantief of voornaamwoord nader worden bepaald.

Voorbeelden: ***Chacune** de mes copines a déjà un petit ami.*
***Aucune** d'entre elles ne doit être rentrée à 22 heures.*

Op enkele onbepaalde voornaamwoorden kan *de* + adjectief volgen.

Voorbeelden: *J'ai vu **quelque chose** de chic.*
*C'est **quelqu'un** de très sympathique.*

Een overzicht van vaak voorkomende onbepaalde voornaamwoorden:

on	men	*certain,-e,-s*	sommige
quelqu'un	iemand	*chacun,-e*	ieder
quelque chose	iets	*plusieurs*	meerdere
tout	alles	*la plupart*	de meeste
(ne ...) rien	niets	*(ne ...) personne*	niemand
n'importe quoi	om het even wat	*(ne ...) nul, -le*	geen
n'importe qui	om het even wie	*le, la même*	dezelfde
tous, toutes	alle	*autre chose*	iets anders

subject	
Chacun	aidera maman pendant les vacances.
N'importe qui	peut entrer si tu ne fermes pas la porte.

	object
Réfléchis! Tu dis	**n'importe quoi.**
Je n'aime pas que tu parles	**à n'importe qui.**

Het onbepaalde voornaamwoord kan subject van de zin zijn. In dat geval staat het voor het vervoegde werkwoord.
Het kan echter ook lijdend of meewerkend voorwerp zijn.

8.12 Aanwijzende voornaamwoorden

Je cherche un chapeau.
  Regarde, **celui-là** est joli.
Tu préfères quelle robe?
  Celle-ci ou **celle-là**?
J'aime bien ces sacs à 300 F.
  Moi, je préfère **ceux à** 500 F.
Si tu n'as pas tes clés,
  prends **celles de** Pierre.
Elles sont très bonnes, ces crêpes.
  Celles que j'ai mangées hier étaient meilleures.

Terwijl de aanwijzende voornaamwoorden *ce/cet*, *cette*, *ces* altijd in verbinding met een naamwoord voorkomen (***Ce*** livre m'intéresse.), vervangen de aanwijzende voornaamwoorden *celui, celle, ceux, celles* een al vermeld of bekend naamwoord of nominale groep.
Ook deze richten zich volgens geslacht en getal naar het antecedent dat ze vervangen.
In tegenstelling tot het Nederlandse *deze/die* kunnen de Franse aanwijzende voornaamwoorden *celui, celle, ceux, celles* niet zelfstandig voorkomen. Ze worden aangevuld met:

- *-ci* of *là* (bv. *celui-ci* of *ceux-là*),
- een complement met de voorzetsels *de* en *à* (bv. *celle de* ... of *celles à* ...) of ook door
- een relatiefzin (bv. *celles que*...)

C'est très intéressant.
Est-ce que tu as lu **ceci**?
Cela (ça) m'intéresse beaucoup.

De neutrale vormen *ce/c'*, *ceci* en *cela* (*ça*) kunnen daarentegen zonder complement staan; *ça* is een verkorte vorm voor *cela*, die vooral in de gesproken taal wordt gebruikt.

8.13 Bezittelijke voornaamwoorden

C'est ton parapluie?
Oui, c'est **le mien.** — de mijne

C'est ta bicyclette?
Oui, c'est **la mienne.** — de mijne

Terwijl de bijvoeglijk gebruikte bezittelijke voornaamwoorden (*mon, ton,...*) altijd voor een naamwoord staan, vervangen de zelfstandig gebruikte bezittelijke voornaamwoorden een al genoemde nominale groep, die uit een bijvoeglijk bezittelijk voornaamwoord + naamwoord bestaat. Bezittelijke voornaamwoorden komen altijd met een bepaald lidwoord voor.
De vorm van het bezittelijk voornaamwoord wordt bepaald door

- de bezitter en
- het geslacht en getal van het naamwoord waarop het betrekking heeft (*mon* parapluie [mannelijk enkelvoud] - *le mien, ma* bicyclette [vrouwelijk enkelvoud] - *la mienne,...*).

De vormen van de bezittelijke voornaamwoorden zijn:

bezitter	het aangeduide bezit	
	man./vrouw. enkelvoud	man./vrouw. meervoud
je	*le mien/la mienne*	*les miens/les miennes*
tu	*le tien/la tienne*	*les tiens/les tiennes*
elle/il	*le sien/la sienne*	*les siens/les siennes*
nous	*le nôtre/la nôtre*	*les nôtres*
vous	*le vôtre/la vôtre*	*les vôtres*
elles/ils	*le leur/la leur*	*les leurs*

Je donne des légumes **à mon chien.**
J'en donne aussi **au mien.**

Tiens, une lettre **de mes parents!**
Moi, je suis sans nouvelles **des miens.**

Indien de voorzetsels *à* en *de* samen met het bepaald lidwoord voorkomen, worden ze samengetrokken.

Zinstypes en zinsdelen

1 De mededelende zin

La phrase déclarative

1.1 De zinselementen

subject	vervoegd werkwoord (persoonsvorm)	complement
Daniel	**dort.**	
Véronique	**cherche**	son chat.
Il	**habite**	à Rouen.

➲ Een mededelende zin bestaat uit een subject en een vervoegd werkwoord (de persoonsvorm). Meestal bevat hij ook complementen (directe of indirecte objecten, bijwoordelijke bepalingen).

1.2 Direct en indirect object

subject	persoonsvorm	direct object (*qc/qn*)	indirect object (à *qn*)
Véronique	fait	**ses devoirs.**	
Elle	cherche	**Paul.**	
Daniel	parle		**à Sophie.**
Il	donne	**son stylo**	**à Marie.**
		wie of wat?	aan wie?

Net als in het Nederlands wordt in het Frans een onderscheid gemaak tussen het lijdend (direct) voorwerp en het meewerkend (indirect) voorwerp.
Het indirect object is herkenbaar aan het voorzetsel *à*.
Werkwoorden in het Frans en het Nederlands hebben echter niet altijd dezelfde objecten bij zich.

Voorbeelden:

direct object	indirect object
écouter qn	naar iemand luisteren
écouter la mère	naar moeder luisteren
aan iemand vragen	*demander à qn*
aan een vriend vragen	*demander à un ami*

Leertip: het best kunt u bij de werkwoorden onmiddellijk het passende object leren.

1.3 Bijwoordelijke bepalingen

bijwoordelijke bepaling	subject	persoonsvorm	direct/ indirect object	bijwoordelijke bepaling
	Paul	écoute	un disque	**chez Marie.**
	Marie	téléphone	à Sophie	**le soir.**
Le mardi,	nous	jouons	au volley.	

Bijwoordelijke bepalingen geven bijvoorbeeld informatie over het waar (plaatsbepaling) en het wanneer (tijdsbepaling) van een handeling.
Soms komen in een mededelende zin ook meerdere bijwoordelijke bepalingen voor.

1.4 De plaats van de zinselementen in de mededelende zin

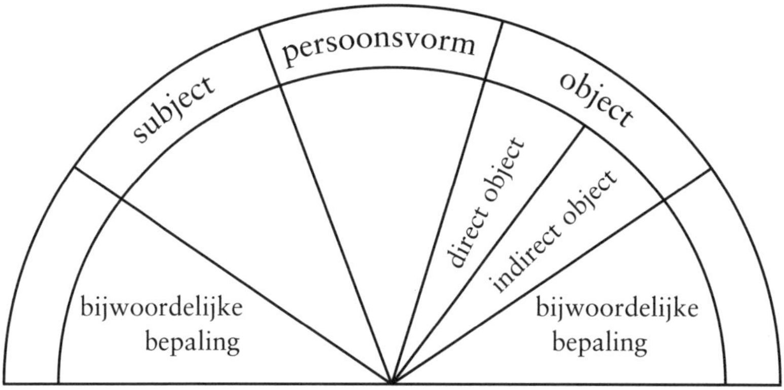

De plaats in de mededelende zin is eenvoudig: subject en werkwoord vormen de kern van de zin.
Het direct object staat in het Frans normaal gezien onmiddellijk na het werkwoord (persoonsvorm).
Het indirect object staat in de regel na het directe object – tenzij de zin slechts een indirect object bevat.
De bijwoordelijke bepaling staat ofwel aan het begin ofwel aan het einde van de zin.

1.5 De ontkennende zin

Sophie prend le bus.	Sophie **ne** prend **pas** le bus.
Véronique écrit à ses amis.	Véronique **n'**écrit **pas** à ses amis.

Anders dan in het Nederlands bestaat de negatie in het Frans uit twee delen: *ne* en *pas*.
De negatiewoorden omsluiten het vervoegde werkwoord zoals een klem (negatieklem).

Voor een klinker of doffe *h* wordt *ne n'*.
Behalve *ne ... pas* zijn er nog andere negatieve formules. Een overzicht:

Negatie		Positieve formule	
ne ... rien	niets	*quelque chose*	iets
ne ... plus	niet meer	*encore*	nog
ne ... plus rien	niets meer	*encore qc*	nog iets
ne ... pas encore	nog niet	*déjà*	al
ne ... jamais	nooit	*toujours*	altijd
ne ... personne	niemand	*quelqu'un*	iemand

VB De negatie van *aussi* (ook) is *non plus*.
Voorbeelden: *moi aussi - moi non plus, toi aussi - toi non plus*

①	Daniel a **un** problème?	Non, il n'a pas **de** problème.
②	C'est une salade?	Mais non, ce n'est pas **une** salade, voyons!
③	J'aimerais bien encore du café.	Je regrette, mais je n'ai plus **de** café.
	C'est du funk?	Non, ce n'est pas **du** funk, c'est du rap.
④	Elle trouve la solution?	Malheureusement, elle ne trouve pas **la** solution.

➔ De onbepaalde lidwoorden *un, une, des* worden na de negatie in de regel *de* of *d'* (*ne ... pas* ***de***) ①.
Na *être* blijft ook in de ontkennende zin het onbepaald lidwoord behouden ②.
Ook de partitieve lidwoorden *de la* en *du* worden na de negatie ('nulhoeveelheid') **de**. (→ 2.5, blz. 15) Maar ook hier blijft na *être* het partitief lidwoord behouden ③.
Het bepaald lidwoord blijft in de negatie behouden ④.

Tout est prêt?	Non, **rien n'**est encore prêt.
Quelqu'un a téléphoné?	Non, **personne n'**a téléphoné.

➲ De negatiewoorden *rien* en *personne* kunnen ook als subject in de ontkennende zin worden gebruikt. Ze staan dan voor het werkwoord en voor *ne*: *personne ne* (niemand) ... /*rien ne* (niets) ...

Mon ami **n'**est **ni** blond **ni** brun.
Il **ne** sait **ni** danser **ni** chanter.

➲ *Ne ... ni ... ni* komt overeen met het Nederlandse 'noch ... noch'. *Ne* staat voor het vervoegde werkwoord, *ni* voor de ontkennende adjectieven/infinitieven.

Ne pas stationner devant la sortie.
Il est difficile de **ne rien** dire pendant une heure.

➲ Bij infinitieven komt de negatie met behulp van *ne pas*, *ne rien*,... tot stand. Beide delen van de negatie staan voor de infinitief.

Paul **ne** voit **pas** le bateau.	
Paul **ne** le voit **pas.**	direct objectvoornaamwoord
Il **ne** téléphone **pas** à ses parents.	
Il **ne** leur téléphone **pas.**	indirect objectvoornaamwoord

➲ De negatieklem omsluit behalve het vervoegde werkwoord ook de objectvoornaamwoorden. (→ 8.1 en 8.2, blz. 37/38)

2 De vraagzin
L'interrogation

2.1 De beslissingsvraag: intonatie of *est-ce que*

		subject	persoonsvorm	complement	
①		Pierre	fait	ses devoirs?	Oui./
②	Est-ce que	Pierre	fait	ses devoirs?	Non.

De eenvoudigste vraagvorm, de beslissingsvraag, dient met *oui* of *non* beantwoord te worden.
In het Frans zijn er twee mogelijkheden om een beslissingsvraag te formuleren.

- Bij de intonatievraag ① gaat de stem aan het einde van een heel normale zin omhoog.
  Die vraagvorm wordt alleen in de gesproken taal gebruikt.
- Ook bij de vraagvorm met *est-ce que* ② blijft de plaatsverdeling in de mededelende zin (subject, werkwoord, complement) onveranderd - de *est-ce que*-formule wordt eenvoudigweg vooropgesteld.
  De beslissingsvraag met *est-ce que* wordt zowel in de gesproken als in de geschreven taal gebruikt.

Let op: als *est-ce que* voor een klinker staat, krijgt *que* een weglatingsteken: *Est-ce **qu'il** est là?*

2.2 Vraagzin met vraagwoord en *est-ce que*

vraagwoord	*est-ce que*	subject	werkwoord	complement/ samengestelde zin
		---------------	mededelende zin	---------------
		Sophie	donne	le livre à Daniel.
Qu'	est-ce que	Sophie	donne	à Daniel?
		Jean	habite	à Rouen.
Où	est-ce que	Jean	habite?	
		Ils	arrivent	samedi.
Quand	est-ce qu'	ils	arrivent?	
		Paul	paie	50 F pour le livre.
Combien	est-ce que	Paul	paie	pour le livre?
		Sophie	offre	le cadeau à Marc.
A qui	est-ce que	Sophie	offre	le cadeau?
		Il	va	au cinéma avec Jean.
Avec qui	est-ce qu'	il	va	au cinéma?
		Véronique	prépare	le repas pour Valérie.
Pour qui	est-ce que	Véronique	prépare	le repas?
		Jean	boit	un thé parce qu'il a soif.
Pourquoi	est-ce que	Jean	boit	un thé?

Ook bij vragen naar het direct object, bijwoordelijke bepalingen, indirect object of een samengestelde zin blijft de plaatsverdeling in de mededelende zin behouden. Voorwaarde is wel dat ze met een vraagwoord en de *est-ce que*-formule worden gesteld.

Let op: *que* + *est-ce que* wordt: ***qu'est**-ce que* (wat).

2.3 Vraagzin met vraagwoord zonder *est-ce que*

	subject	werkwoord	complement
	Sophie	est	la copine de Véronique.
	Paul	écoute	une cassette.
	M. Leblanc	travaille	à l'école.
		est	la copine de Véronique?
Wie	**Qui**	écoute	une cassette?
		travaille	à l'école?

Met *qui* wordt naar personen die het subject van de zin zijn, gevraagd. Daar is het vraagwoord *qui* subject van de vraagzin. Bij vragen naar het subject (personen) kan de *est-ce que*-formule worden gebruikt.

De plaatsing van de overige zinselementen gebeurt zoals in de mededelende zin.

2.4 Vraagzin met vraagwoord en inversie

Vraagwoord	subject/werkwoord werkwoord/subject		complement
①	Daniel	fait	<u>ses devoirs</u>.
Que	fait	Daniel?	
②	Le livre	est	<u>là-bas</u>.
Où	est	le livre?	
③	La glace	coûte	<u>10 F</u>.
Combien	coûte	la glace?	

Indien naar een complement (object of bijwoordelijke bepaling) gevraagd wordt, is er een andere vraagvorm mogelijk: de inversievraag met vraagwoord.
Bij de vraag met vraagwoord en inversie (omkering) wordt de plaats van subject en vervoegd werkwoord omgekeerd zodat het subject na het vervoegd werkwoord komt te staan.

Die vraagvorm wordt o.a. gebruikt:

- als het subject een naamwoord of eigennaam (geen voornaamwoord) is ①,
- als alleen naar de plaats wordt gevraagd ②,
- als alleen naar de prijs wordt gevraagd ③.

Indien in de gevallen ② en ③ toch naar de plaats of prijs in verbinding met de activiteit wordt gevraagd, dient de *est-ce que*-formule samen met de plaatsverdeling van de mededelende zin te worden gebruikt.

VB **Voorbeelden:** *Où* ***est-ce que*** *tu* ***fais*** *tes courses?*
Combien ***est-ce que*** *tu* ***paies*** *pour la discothèque?*

2.5 Inversievraag met persoonlijke voornaamwoorden

Êtes-vous bien rentrée, madame?
Vient-elle avec nous?
Va-t-il rendre les tests demain?
Parle-t-elle allemand?

Où **va-t-elle?**
Comment **allez-vous?**
De quoi **parle-t-on** dans ce livre?
De qui **parlez-vous?**

Ook bij vragen met een persoonlijk voornaamwoord kan een inversievraag worden gebruikt. Die wordt gevormd door het voornaamwoord achter het werkwoord te zetten en het met een koppelteken daaraan te verbinden.
Bij werkwoorden die in de 3de persoon enkelvoud met een klinker eindigen, wordt een *-t-* (met twee koppeltekens) toegevoegd.

3 Indirecte rede en indirecte vraag

Le discours indirect et l'interrogation indirecte

3.1 Indirecte rede

Véronique dit à sa mère:	'Maman, je redouble.'
Véronique **dit** à sa mère	**qu'**elle redouble.
Véronique zegt haar moeder	dat ze het jaar zal overdoen.
Elle lui explique:	'Mes amies redoublent aussi.'
Elle lui **explique**	**que** ses amies redoublent aussi.

➔ De indirecte rede wordt aan de hand van een bijzin uitgedrukt. Die bijzin wordt ingeleid door het voegwoord *que/qu'* (dat).
De volgende werkwoorden kunnen een indirecte rede inleiden: *dire, raconter, répéter, répondre, expliquer, ajouter* (toevoegen). Net als in het Nederlands wordt in het Frans de tijd van de directe rede in de indirecte rede overgenomen, weliswaar indien de hoofdzin in de *présent* staat. Ook de plaats van het werkwoord in de bijzin wordt niet veranderd.

Jean dit:	'**Je** cherche **ma** clé.'
Il dit	qu'**il** cherche **sa** clé.
Paul dit à Daniel:	'Je **te** téléphone demain.'
Il dit à Daniel	qu'il **lui** téléphone demain.

➔ Bij de omzetting van de directe rede in de indirecte rede dient op het volgende te worden gelet:

- Het subject moet naargelang de zin worden aangepast (bv.: *je* → *il*). De uitgang van het werkwoord wordt uiteraard aan het nieuwe subject aangepast.
- Bijvoeglijk gebruikte bezittelijke voornaamwoorden moeten eveneens naargelang de zin worden aangepast (bv.: *mon* → *son*).
- Ook de objectvoornaamwoorden worden aan de nieuwe situatie aangepast (bv.: *te* → *lui*).

3.2 Indirecte vraagzin

Le grand-père demande à Véronique:
'Est-ce **que** tu passes en sixième?'
'**Pourquoi** est-ce que tu redoubles?'

Le grand-père demande à Véronique **si** elle passe en sixième.
Il veut savoir **pourquoi** elle redouble.

➔ Ook de indirecte vraag wordt door een bijzin uitgedrukt.
Die bijzin wordt d.m.v. de volgende voegwoorden ingeleid:

- met *si* (of), als de directe vraag een beslissingsvraag is (*si* krijgt voor *il/ils* een weglatingsteken, voor *elle/elles* echter niet), of
- met het vraagwoord (*pourquoi, quand,...*), dat ook in de directe vraag werd gebruikt.

De omzetting van een *que*-vraag in een indirecte vraag vereist de neutrale voornaamwoorden *ce qui* en *ce que*. (→ 8.9 en 8.10, blz. 45/46)

4 De voorwaardelijke bijzin met *si*

La phrase hypothétique avec si

4.1 De reële voorwaardelijke bijzin

bijzin	hoofdzin
Si la grève **continue**,	il n'y **aura** pas d'école.
De realisatie van de voorwaarde is mogelijk.	Het gevolg zal optreden.
si + présent/passé composé	*futur simple* (of *présent*)

Een voorwaardelijke samengestelde zin bestaat uit een bijzin die een voorwaarde inhoudt (voorwaardelijke bijzin) en een hoofzin waarin het gevolg wordt genoemd.
De voorwaardelijke zin, die meestal door *si* wordt ingeleid, kan voor of na de hoofdzin staan.
Bij het construeren van die bijzin dient op de wisseling van tijd te worden gelet.
Voor de tijdsopeenvolging in de <u>reële</u> voorwaardelijke bijzin geldt:

- De *si*-zin staat ofwel in de *présent* ofwel in de *passé composé.*
- Na *si* (= als) kan nooit de *futur* staan.
- De hoofdzin staat normaliter in de *futur*. Naargelang de betekenis kan hij echter ook in de *présent* staan.

4.2 De reële voorwaardelijke zin met *si* en de bijzin van tijd met *quand*

① **Si** Jean **passe** cet après-midi, je lui **rendrai** la cassette-vidéo.	als = indien (reële voorwaardelijke zin)
② **Quand** Jean **passera** ce soir, je t'**appellerai.**	als = zodra (bijzin van tijd)

Bij de keuze van de juiste tijdsopeenvolging in de reële voorwaardelijke zin en in de bijzin van tijd is het betekenisonderscheid tussen de voegwoorden *si* en *quand* van primordiaal belang. Beide worden in het Nederlands door 'als' vertaald.
In de reële voorwaardelijke zin ① hebben 'als' en 'indien' dezelfde betekenis. Voor de overeenstemming van de tijden geldt: na het voorwaardelijke *si* staat nooit een *futur*.
'Als' betekent in de bijzin van tijd ② 'zodra'. Hij wordt door *quand* ingeleid. Daar geldt: bij iets dat nog moet gebeuren wordt na *quand* een *futur* gebruikt.

Let op: *si* kan ook een indirecte vraagzin inleiden. In dat geval heeft '*si*' de betekenis van 'of'. Ook de indirecte vraagzin kan in de *futur* staan. (→ 3.2, blz. 61)

VB **Voorbeeld:** *Je ne sais pas* ***si*** *Jean* ***passera*** *ce soir.*

4.3 De irreële voorwaardelijke bijzin

bijzin		hoofdzin
① **Si** j'**avais** un hélicoptère,		je **pourrais** éviter cet embouteillage (file).
De realisatie van de voorwaarde is onmogelijk/ onwaarschijnlijk.	→	Het gevolg blijft louter een veronderstelling.
si + imparfait	→	*conditionnel présent*
② **Si** j'**avais** pris mon vélo,		j'**aurais pu** éviter cet embouteillage.
De voorwaarde werd in het verleden niet vervuld.	→	Het gevolg blijft slechts een veronderstelling (die betrekking heeft op het verleden).
si + plus-que-parfait	→	*conditionnel passé*

Bij een voorwaardelijke bijzin die een niet-vervulbare (irreële) of onwaarschijnlijke voorwaarde inhoudt, dienen voor de keuze van de juiste overeenstemming van de tijden twee soorten bijzinnen te worden onderscheiden:

- de irreële bijzin die op het heden en de toekomst betrekking heeft ①,
- de irreële bijzin die op het verleden betrekking heeft ②.

Voor de overeenstemming van de tijden in de irreële voorwaardelijke bijzin geldt:

- De *si*-zin staat ofwel in de *imparfait* ofwel in de *plus-que-parfait*.
- De hoofdzin staat naargelang de betekenis in de *conditionnel présent* of in de *conditionnel passé*.

Let op: in de gesproken taal komen vaker 'alleenstaande' *si*-zinnen in de *imparfait* voor: ze drukken een voorstel uit waarbij het gevolg – de hoofdzin – meegedacht maar niet uitgesproken wordt.

Voorbeeld: *Et si on faisait encore un petit tour en ville?*
(... ce serait sympathique, n'est-ce pas?)

5 De vergelijkende zin
La phrase comparative

5.1 De vergelijking bij hoeveelheden

① La France a **plus** de superficie **que** l'Allemagne.
Mais elle a **moins** d'habitants **que** l'Allemagne.
Elle a **autant** de problèmes **que** l'Allemagne.

② C'est Paris qui a **le plus** de touristes.
Ce sont les Japonais qui ont **le moins** de vacances.

Om een vergelijking te formuleren worden de vergelijkende zinselementen *plus* ... *que* (meer ... dan), *moins* ... *que* (minder ... dan), *autant* ... *que* (evenveel ... als) of de overtreffende zinselementen *le plus* ... (de meeste .../het meeste ...) of *le moins* ... (de minste .../het minste ...) gebruikt.
De vergelijkende zinselementen omsluiten *de/d'* + naamwoord ①.
De overtreffende zinselementen worden door *de/d'* + naamwoord vervangen ②. (→ 1.4, blz. 11)

La terre a **plus de** 5 milliards d'années.	meer dan
L'histoire de l'humanité a **moins de** 6 mille ans.	minder dan

Net als bij de naamwoorden voegt men ook bij getallen die na de vergelijkende bijwoorden *plus* en *moins* voorkomen *de* toe.

5.2 *autant que/aussi ... que*

① Dans l'informatique on peut **gagner autant qu'**à la banque.

② A la Martinique, il y a **autant de fruits que** chez nous, mais ils sont bien différents.

③ Une crêpe est parfois **aussi nourrissante qu'**une pizza.
Sophie a gagné **aussi facilement que** Véronique.

Het Frans beschikt over drie manieren om een gelijkheid uit te drukken:
bij werkwoorden → *autant que* ①,
bij naamwoorden → *autant de ... que* ② (→ 5.1, blz. 64),
bij adjectieven en bijwoorden → *aussi ... que* ③.

6 De passiefzin

La voix passive

6.1 Het vormen van de passiefzin

①	M. Montagnier **découvre** le virus du sida (aids).	actief
	Le virus du sida **est découvert** par M. Montagnier.	passief
②	On **annonce** cette découverte à la radio.	actief
	Cette découverte **est annoncée** à la radio.	passief
③	La neige **couvre** le sommet du Mont Blanc en toutes saisons.	actief
	Le Mont Blanc **est couvert** de neige en toutes saisons.	passief

De passiefzin komt tot stand door het direct object van een actiefzin tot subject te maken in de passiefzin en de passieve vorm van het werkwoord te gebruiken.

De 'veroorzaker' van de handeling kan men met *par* (door) aangeven ①. De veroorzaker wordt niet aangegeven als de handelende niet belangrijk is ②. Indien het gaat om een toestand wordt de veroorzaker/de oorzaak d.m.v. *de* toegevoegd ③. De passiefvorm van een werkwoord bestaat uit het hulpwerkwoord *être* en het voltooid deelwoord (*participe passé*) van het betreffende werkwoord. Het subject bepaalt het geslacht en getal van het deelwoord.

Net als in de actiefzin zijn er in de passiefzin verschillende tijden en modi (wijzen):

Le virus est découvert.	*présent*
Il a été découvert.	*passé composé*
Il était découvert.	*imparfait*
Il sera découvert.	*futur simple*
Il serait découvert si ...	*conditionnel présent*
Je voudrais qu'il soit découvert.	*subjonctif présent*

Tijden en modi

De Franse werkwoorden kunnen in verschillende 'klassen' worden ingedeeld:

1ste werkwoordenklasse: hiertoe behoren alle werkwoorden die op *-er* eindigen. (→ 1.1, blz. 68)
Tot deze groep behoren echter ook alle werkwoorden die op *-ir* eindigen en op dezelfde manier als de werkwoorden op *-er* worden vervoegd. (→ 1.2, blz. 68)
Ook de werkwoorden op *-er* met twee stammen behoren tot deze groep. (→ 1.3, blz. 69)

2de werkwoordenklasse: hiertoe behoren de werkwoorden op *-ir* met een stamuitbreiding in het meervoud. (→ 1.4 blz. 70)

3de werkwoordenklasse: zij omvat vele onregelmatige werkwoorden die niet allemaal volgens een bepaald type worden vervoegd:
de werkwoorden op *-dre* (→ 1.5, blz. 70/71),
de werkwoorden op *-ir* met twee stammen (→ 1.6, blz. 71),
andere onregelmatige werkwoorden (→ 1.7, blz. 72/73).

Een lijst met de belangrijkste onregelmatige werkwoorden vindt u in het laatste deel van dit boek. (→ Tabel met onregelmatige werkwoorden, blz. 96.)

1 *Le présent*

De tegenwoordige tijd

1.1 Regelmatige werkwoorden op *-er*

	regarder (kijken)		
je	regarde	1ste persoon	
tu	regardes	2de persoon	enkelvoud
elle/il/on	regarde	3de persoon	
nous	regard**ons**	1ste persoon	
vous	regard**ez**	2de persoon	meervoud
elles/ils	regard**ent**	3de persoon	

Veruit de meeste Franse werkwoorden eindigen op *-er* en worden regelmatig vervoegd.
Voor een klinker of doffe *h* wordt *je j'*: **j'**écoute, **j'h**abite.

1.2 Werkwoorden op *-ir*, type: *ouvrir* en *offrir*

	ouvrir (openen)	gelijkaardig:
j'	ouvr**e**	offrir (aanbieden)
tu	ouvr**es**	couvrir (bedekken, toedekken)
elle/il	ouvr**e**	découvrir (ontdekken)
nous	ouvr**ons**	
vous	ouvr**ez**	
elles/ils	ouvr**ent**	

Deze werkwoorden worden in de tegenwoordige tijd zoals regelmatige werkwoorden op *-er* vervoegd, hoewel ze in de infinitief op *-ir* eindigen.

1.3 Werkwoorden op *-er* met twee stammen

	acheter (kopen)	gelijkaardig:
j'	achète	peser (wegen)
tu	achètes	se lever (opstaan)
elle/il	achète	se promener (wandelen)
nous	achetons	
vous	achetez	
elles/ils	achètent	

	appeler (roepen, bellen)	gelijkaardig:
j'	appelle	s'appeler (heten)
tu	apelles	jeter (werpen)
elle/il	appelle	épeler (spellen)
nous	apelons	
vous	apelez	
elles/ils	appellent	

	payer (betalen)	gelijkaardig:
je	paie	essayer (proberen)
tu	paies	balayer (vegen)
elle/il	paie	s'ennuyer (zich vervelen)
nous	payons	
vous	payez	
elles/ils	paient	

➔ Voor deze werkwoorden geldt:

- Als de woordstam benadrukt wordt (1ste, 2de, 3de persoon enkelvoud en 3de persoon meervoud), wordt de stam veranderd.
- Als de uitgang benadrukt wordt (2de en 3de persoon meervoud), blijft de stam zoals in de infinitief.

	commencer (beginnen)	gelijkaardig:
nous	commençons	lancer (werpen)

nous	**manger** (eten)	gelijkaardig:
	mangeons	changer (veranderen) ranger (opruimen) plonger (duiken)

➡ Bij deze werkwoorden verandert de stam alleen in de eerste persoon meervoud.

1.4 Werkwoorden op *-ir* met stamuitbreiding in het meervoud

	finir (beëindigen)	gelijkaardig:
je tu elle/il nous vous elles/ils	finis finis finit finissons finissez finissent	choisir (kiezen) réfléchir (nadenken)

➡ Die werkwoorden breiden in het meervoud de stam met *-ss-* uit.

1.5 Werkwoorden op *-dre*

	entendre (horen)	gelijkaardig:
j' tu elle/il nous vous elles/ils	entends entends enten**d** entend**ons** entende**z** entend**ent**	attendre (wachten) répondre (antwoorden) descendre (afdalen, uit- gaan) rendre (teruggeven) vendre (verkopen)

	prendre (nemen)	gelijkaardig:
je	prends	apprendre (leren)
tu	prends	comprendre (begrijpen)
elle/il	pren**d**	
nous	pren**ons**	
vous	pren**ez**	
elles/ils	pre<u>nn</u>**ent**	

Bij de werkwoorden op *-dre* zijn alleen de uitgangen in het enkelvoud van de uitgangen van de werkwoorden op *-er* te onderscheiden.

Let op: bij *prendre* moet in het meervoud ook op de stam van het werkwoord worden gelet. De stam in de 3de persoon enkelvoud wordt in de tegenwoordige tijd altijd met dubbele *n* geschreven.

1.6 Werkwoorden op *-ir* met twee stammen

	partir (vertrekken)	**dormir** (slapen)	gelijkaardig:
je	pars	dors	sortir (uitgaan,
tu	pars	dors	buitengaan)
elle/il	part	dort	mentir
nous	partons	dormons	(liegen)
vous	partez	dormez	sentir (voelen)
elles/ils	partent	dorment	servir (bedienen)

Deze werkwoorden hebben in het enkelvoud en in het meervoud verschillende stammen.

1.7 De belangrijkste onregelmatige werkwoorden

	aller (gaan)		
je	vais	nous	allons
tu	vas	vous	allez
elle/il	va	elles/ils	vont

	être (zijn)	**avoir** (hebben)	
je	suis	j'	ai
tu	es	tu	as
elle/il	est	elle/il	a
nous	sommes	nous	avons
vous	êtes	vous	avez
elles/ils	sont	elles/ils	ont

Let op: verwissel *ils sont* (ze zijn) niet met *ils ont* (ze hebben).

	faire (maken, doen)	**dire** (zeggen)
je	fais	dis
tu	fais	dis
elle/il	fait	dit
nous	faisons	disons
vous	faites	dites
elles/ils	font	disent

	écrire (schrijven)	**lire** (lezen)
j' (je)	écris	lis
tu	écris	lis
elle/il	écrit	lit
nous	écrivons	lisons
vous	écrivez	lisez
elles/ils	écrivent	lisent

	venir (komen)	gelijkaardig:
je	viens	tenir (houden)
tu	viens	revenir (terugkomen)
elle/il	vient	
nous	venons	
vous	venez	
elles/ils	viennent	

	boire (drinken)	**voir** (zien)
je	bois	vois
tu	bois	vois
elle/il	boit	voit
nous	buvons	voyons
vous	buvez	voyez
elles/ils	boivent	voient

	savoir (weten)	**pouvoir** (kunnen)
je	sais	peux
tu	sais	peux
elle/il	sait	peut
nous	savons	pouvons
vous	savez	pouvez
elles/ils	savent	peuvent

	devoir (moeten)	**vouloir** (willen)
je	dois	veux
tu	dois	veux
elle/il	doit	veut
nous	devons	voulons
vous	devez	voulez
elles/ils	doivent	veulent

2 *Le futur composé*

De nabije toekomst

2.1 Het vormen van de *futur composé*

je	**vais**	**rencontrer**	Daniel
tu	**vas**	**rentrer**	à quelle heure?
elle/il	**va**	**prendre**	le bus de sept heures.
nous	**allons**	**jouer**	au volley.
vous	**allez**	**manger**	une glace.
elles/ils	**vont**	**venir**	à Paris.

De *futur composé* (ook *futur proche* genoemd) wordt met de tegenwoordige tijd van *aller* en de infinitief van het betreffende werkwoord gevormd.
De *futur proche* wordt gebruikt om handelingen in de nabije toekomst aan te geven.

Leertip: de *futur composé* zal geen moeilijkheden opleveren indien u de tegenwoordige tijd van *aller* (→ 1.7, blz. 72) en de infinitiefvormen van de werkwoorden beheerst.

2.2 *Futur composé* en negatie

- Tu vas manger avec nous?
- Non, je **ne** vais **pas** manger avec vous. Je vais rencontrer Valérie.

Beide delen van de negatieklem omsluiten de vervoegde vorm van *aller*. (→ 1.5, blz. 53/54)

2.3 *Futur composé* en objectvoornaamwoorden

- N'oublie pas **tes devoirs**, Nicole.
- Non, je vais **les** faire tout de suite.

Bij de *futur composé* staat het objectvoornaamwoord voor het werkwoord in de infinitief omdat het daarop betrekking heeft.

2.4 *Futur composé* en wederkerende werkwoorden

Je vais **me reposer** jusqu'à dix heures.
Je ne vais pas **me lever** à six heures.

In de *futur composé* staat het wederkerend voornaamwoord (zoals de andere objectvoornaamwoorden) voor het werkwoord in de infinitief waarbij het hoort. (→ 8.1 en 8.2, blz. 37/38)
In geval van negatie omsluit de negatieklem het vervoegde werkwoord.

3 *Le passé composé*

De voltooid tegenwoordige tijd

3.1 Het vormen van de *passé composé* met *avoir*

j'	**ai**	**lu**	le journal.
tu	**as**	**fini**	tes devoirs.
elle	**a**	**vu**	la tour Eiffel.
nous	**avons**	**visité**	un musée.
vous	**avez**	**travaillé**	hier après-midi.
ils	**ont**	**joué**	aux cartes.

De *passé composé* van de meeste werkwoorden wordt uit de tegenwoordig vervoegde vorm van *avoir* en het voltooid deelwoord gevormd.
De elementen van de negatie omsluiten het vervoegde werkwoord:
*Ils **n'**ont **rien** vu.*

3.2 Het vormen van het voltooid deelwoord

parler	parl**é**
partir	part**i**
attendre	attend**u**

Voor het vormen van het voltooid deelwoord (*participe passé*) zijn er eenvoudige regels:

- Werkwoorden op *-er* krijgen als uitgang *é*,
- Werkwoorden op *-ir* krijgen als uitgang *i*,
- Werkwoorden op *-endre* en *-ondre* eindigen op *u*.

De voltooide vormen van sommige werkwoorden wijken echter van die regels af:

infinitif	*participe passé*	
faire	*fait*	maken, doen
dire	*dit*	zeggen
écrire	*écrit*	schrijven
mettre	*mis*	zetten, leggen
prendre	*pris*	nemen
lire	*lu*	lezen
voir	*vu*	zien
boire	*bu*	drinken
pouvoir	*pu*	kunnen
vouloir	*voulu*	willen
devoir	*dû*	moeten
savoir	*su*	weten, kennen
venir	*venu*	komen
il faut	*il a fallu*	men moet
ouvrir	*ouvert*	openen
offrir	*offert*	aanbieden
avoir	*eu*	hebben
être	*été*	zijn

3.3 Het vormen van de *passé composé* met *être*

Paul	**est venu**	à cinq heures.
Valérie et Jean	**sont arrivés**	chez les grands-parents.

Werkwoorden die een bewegingsrichting aanduiden, vormen de *passé composé* met *être*:
aller, arriver, descendre, entrer, monter, partir, retourner, sortir, tomber, venir.
Ook met *être* worden vervoegd: *rester*, *naître* en *mourir*.
Let op: *sauter* (springen), *courir* en *nager* geven een beweging maar geen richting aan.
Daarom: *Elle **a sauté** dans la piscine.*
Ook bij alle wederkerende werkwoorden wordt de *passé composé* met *être* gevormd.
VB **Voorbeeld:** *Il s'est lavé les mains.*

De elementen van de negatie omsluiten het wederkerend voornaamwoord en de vervoegde vorm van *être*.
VB **Voorbeeld:** *Il **ne** s'est **pas** lavé les mains.*

3.4 De veranderlijkheid van het voltooid deelwoord

Daniel est monté dans sa chambre.
Nicole est sortie avec Marc.
Paul et Marie sont allés au cinéma.
Sophie et sa mère sont parties.

Bij het vormen van de *passé composé* met *être* wordt het voltooid deelwoord in getal en geslacht aan het subject aangepast.

①	Tu as trouvé	**mes clés?** (direct object)	
②	Oui, je	**les**	ai trouvées.
	Je	**vous** (direct object)	ai vus, les enfants.
	Est-ce que tu	**l'** (direct object)	as écrite, la lettre?

➔ Bij werkwoorden die met *avoir* worden vervoegd bepaalt de plaats van het direct object (wie of wat?) de schrijfwijze van het deelwoord. Daarbij gelden de volgende regels:

- Als het direct object achter het werkwoord staat of er geen direct object in de zin staat, blijft het deelwoord onverbogen ①.
- Als het direct object voor het werkwoord staat, wordt het deelwoord in geslacht en getal daaraan aangepast ②.

①	Véronique	**s'** (direct object)	est préparée.	
②	Dans l'accident, elle	**s'** (indirect object)	est cassé	**une jambe.** (direct object)

➔ Ook bij wederkerende werkwoorden wordt het deelwoord verbogen volgens het direct object dat voor het werkwoord staat ①. Het wederkerend voornaamwoord is echter niet altijd direct object ②.

Ce sont les livres (m) **que** j'ai lus.
Voilà les cartes (f) **que** j'ai prises.
Quels amis (m) as-tu invités?

Ook het betrekkelijk voornaamwoord *que* is altijd een direct object en de bijvoeglijk gebruikte vragende voornaamwoorden *quel, quelle, quels*, en *quelles* + naamwoord zijn ook vaak directe objecten. In die gevallen dient het deelwoord te worden aangepast.
Voor het gebruik van de *passé composé* (→ 4.2, blz. 80).

4 *L'imparfait*

Onvoltooid verleden tijd

4.1 Het vormen van de *imparfait*

	présent		imparfait	
nous	**chant**	ons	je	**chant**ais
	descend	ons	tu	**descend**ais
	finiss	ons	elle/il	**finiss**ait
	buv	ons	nous	**buv**ions
	pren	ons	vous	**pren**iez
	appel	ons	elles/ils	**appel**aient

Op enkele uitzonderingen na worden de vormen van de *imparfait* van de stam van de 1ste persoon meervoud in de tegenwoordige tijd afgeleid.
De uitgangen zijn altijd: *-ais, -ais, -ait, -ions, -iez, -aient.*
De enige uitzonderingen zijn: *être: j'étais, tu étais, il/elle était, nous étions, vous étiez, ils/elles étaient; falloir* (noodzakelijk zijn): *il fallait; pleuvoir* (regenen): *il pleuvait.*
De werkwoorden die op *-cer* en *-ger* eindigen, verdienen bijzondere aandacht indien *ç* en *ge* voor de klinkers *a, o* of *u* staan.

VB **Voorbeelden:**

commencer	*- présent:*	*nous commençons*
	- imparfait:	*je commençais*, maar: *nous commencions, vous commenciez*
manger	*- présent:*	*nous mangeons*
	- imparfait:	*je mangeais*, maar: *nous mangions, vous mangiez*

4.2 Het gebruik van de *imparfait*

① Ma grand-mère **préparait** une tisane (thee), pendant que mon grand-oncle **écoutait** les informations.

② Il **a mis** son manteau.
Il **a ouvert** la porte.
Il **est parti** sans rien dire.

③ La Première Guerre mondiale **a duré** quatre ans.

➔ De *imparfait* wordt gebruikt om situaties en handelingen te schetsen, waarvan het begin en het einde geen rol spelen ①. De *imparfait* schetst gelijklopende gebeurtenissen, situaties of handelingen op de achtergrond.
De *passé composé* daarentegen wordt gebruikt om situaties en gebeurtenissen te schetsen waarvan het begin en het einde duidelijk begrensd zijn ②. Dat is in het bijzonder zo indien een bepaalde handeling de andere aflost. De duur van de situatie of handeling speelt daarbij geen rol ③.

④ Astérix et Obélix **se promenaient** dans la forêt, quand, tout à coup, ils **ont entendu** des Romains.
J'**étais en train de** lire mon journal, quand le téléphone **a sonné.**
⑤ Je **venais** de terminer ma lettre, quand le directeur m'a appelé.
Il **allait** monter en voiture, mais il a remarqué qu'il n'avait pas ses papiers.

➔ De *imparfait* beschrijft een gebeuren dat zich aan het afspelen is, waardoor het decor voor een nieuw inzettende situatie of handeling ontstaat. De nieuw inzettende gebeurtenis staat in de *passé composé* ④. Daarom staat de *imparfait* ook in verbindingen die een verloop beschrijven, zoals *être en train de faire qc* (bezig zijn iets te doen).
Bovendien kan de *imparfait* worden gebruikt in verbindingen van werkwoorden die de omstandigheden van een nieuwe, meestal nog nooit gebeurde handeling onderstrepen, zoals *venir de faire qc* (net iets gedaan hebben) en *aller faire qc* (iets gaan doen) ⑤.

Tous les matins, il **allait** acheter son journal.
Puis, il **partait** travailler vers sept heures.
Quand il était en retard, il **prenait** le bus.

Ook de regelmaat en herhaling van handelingen in het verleden kunnen d.m.v. de *imparfait* worden uitgedrukt. Dan staat de *imparfait* bij bijwoorden zoals *puis* of *alors* die een nieuw optredende handeling beschrijven, of in bijzinnen met *quand* (telkens als).

5 *Le plus-que-parfait*

De voltooid verleden tijd

5.1 Het vormen van de *plus-que-parfait*

j'	avais	fait	j'	étais	allé(e)
tu	avais	fait	tu	étais	allé(e)
elle/il	avait	fait	elle/il	était	allé(e)
nous	avions	fait	nous	étions	allé(e)s
vous	aviez	fait	vous	étiez	allé(e)s
elles/ils	avaient	fait	elles/ils	étaient	allé(e)s

De *plus-que-parfait* wordt d.m.v. de *imparfait* van de hulpwerkwoorden *avoir* en *être* en het voltooid deelwoord van het betreffende werkwoord gevormd.
Zoals bij de *passé composé* worden de werkwoorden die een bewegingsrichting uitdrukken en de wederkerende werkwoorden met *être* vervoegd. (→ 3.3, blz. 77)
Ook het voltooid deelwoord wordt volgens dezelfde regels als degene die voor de *passé composé* gelden, aangepast. (→ 3.4, blz. 77/78)

5.2 Het gebruik van de *plus-que-parfait*

Je me souviens bien de cette fille.
Elle **est arrivée** dans notre classe en troisième.
Elle **racontait** à tout le monde qu'elle **avait fait** le tour du monde.
Et tout le monde la **croyait** quand elle disait qu'elle **était allée** en Amérique et qu'elle **avait vu** des Indiens.

➔ Tijdens het vertellen worden verschillende tijden in het verleden gebruikt om handelingen die niet gelijktijdig gebeuren van elkaar te onderscheiden.
De *plus-que-parfait* wordt gebruikt om gebeurtenissen aan te geven die vanuit tijdsaspect voor een andere gebeurtenis uit het verleden plaatsvonden.

6 *Le futur simple*

De toekomende tijd

6.1 Het vormen van de *futur simple*

	présent		
je/j'	**regarde**	je	regarder**ai**
	jette	tu	jetter**as**
	paie	elle/il	paier**a**
	arrive	nous	arriver**ons**
	donne	vous	donner**ez**
	tombe	elles/ils	tomber**ont**

➔ Regelmatige en onregelmatige werkwoorden krijgen in de *futur simple* altijd dezelfde uitgangen:
-rai, -ras, -ra, -rons, -rez, -ront.
Bij de regelmatige werkwoorden op *-er* wordt aan de 1ste persoon enkelvoud in de tegenwoordige tijd de uitgang van de *futur simple* toegevoegd.

Een uitzondering vormen de werkwoorden op *-er* die zoals *préférer, compléter, espérer* in de tegenwoordige tijd twee verschillende stammen hebben (*je préfère, nous préférons*). Bij die werkwoorden wordt de *futur simple* van de infinitief afgeleid. (De schrijfwijze met *è* wordt echter wel toegestaan.)

VB **Voorbeeld:** *préférer - futur simple: je préférerai, nous préférerons*

infinitif	futur simple	
① **finir**	je	fin**irai**
partir	tu	part**iras**
sortir	elle/il	sort**ira**
② **lire**	nous	l**irons**
boire	vous	bo**irez**
rendre	elles/ils	rend**ront**

Bij de werkwoorden op *-ir* wordt van de stam zonder *-r* uitgegaan ①. Bij die op *-re* gaat men uit van de infinitief zonder *-re* ②.

	être		avoir
je	serai	j'	aurai
tu	seras	tu	auras
elle/il	sera	elle/il	aura
nous	serons	nous	aurons
vous	serez	vous	aurez
elles/ils	seront	elles/ils	auront

Uiteraard zijn *avoir* en *être* weer onregelmatig; de uitgangen zijn hier echter wel dezelfde.

Andere onregelmatige werkwoorden:

aller	*j'irai*	*savoir*	*je saurai*
faire	*je ferai*	*pouvoir*	*je pourrai*
courir	*je courrai*	*devoir*	*je devrai*
mourir	*je mourrai*	*vouloir*	*je voudrai*
tenir	*je tiendrai*	*pleuvoir*	*il pleuvra*

venir	*je viendrai*	*falloir*	*il faudra*
envoyer	*j'enverrai*	*apercevoir*	*j'apercevrai*
voir	*je verrai*	*s'asseoir*	*je m'assiérai*

6.2 Het gebruik van de *futur simple*

① Il pleut encore!
Qu'est-ce que nous **allons** bien **faire**?

② C'est la deuxième semaine!
L'an prochain, nous **passerons** nos vacances dans le sud!

Terwijl de *futur composé* vooral wordt gebruikt om gebeurtenissen in de nabije toekomst aan te geven ①, beschrijft de *futur simple* ook gebeurtenissen in een verdere toekomst ②.
Bovendien drukt de *futur composé* een grotere zekerheid uit, terwijl de *futur simple* ook gebeurtenissen die nog onbepaald zijn, kan aangeven.
In de omgangstaal wordt echter de voorkeur aan de *futur composé* gegeven.
De *futur simple* kan ook een bevelend karakter hebben.

VB **Voorbeeld:** *D'abord, tu rangeras ta chambre!* (Eerst ruim je je kamer op!)

7 *Le futur antérieur*

De voltooid tegenwoordig toekomende tijd

7.1 Het vormen van de *futur antérieur*

j'	aurai	ri
tu	auras	eu
elle/il	aura	été
nous	aurons	fini
vous	aurez	fait
elles/ils	auront	vu
je	serai	allé(e)
tu	seras	parti(e)
elle/il	sera	arrivé(e)
nous	serons	sorti(e)s
vous	serez	venu(e)s
elles/ils	seront	descendu(e)s

➔ De *futur antérieur* wordt gevormd met de *futur simple* van *avoir* of *être* en het voltooid deelwoord van het betreffende werkwoord.
Zoals bij de *passé composé* en de *plus-que-parfait* worden de werkwoorden die een bewegingsrichting uitdrukken en de wederkerende werkwoorden met *être* vervoegd. (→ 3.3, blz. 77)
Ook het deelwoord wordt volgens dezelfde regels als degene die voor de *passé composé* en de *plus-que-parfait* gelden, aangepast. (→ 3.4, blz. 77)

7.2 Het gebruik van de *futur antérieur*

Quoi! Tu n'as pas encore rangé ta chambre!
C'est seulement quand tu **auras terminé** de ranger que tu pourras sortir.

➔ De *futur antérieur* wordt voor gebeurtenissen gebruikt die in de toekomst plaatsgrijpen maar op een bepaald tijdstip zullen zijn afgesloten.

In het Nederlands wordt de *futur antérieur* in de regel met het deelwoord weergegeven.

VB **Voorbeeld:** *Quand tu* ***auras terminé*** *tes maths, tu pourras aller chez ta copine.* Als je je rekenoefeningen **gemaakt hebt,** mag je naar je vriendin gaan.

De volgende voegwoorden worden vaak ter inleiding van de *futur antérieur* gebruikt: *quand* (als), *lorsque* (wanneer), *dès que* (zodra), *aussitôt que* (zodra), *ce n'est que lorsque ... que* (slechts indien).

8 *Le conditionnel présent*

De voorwaardelijke wijs

8.1 Het vormen van de *conditionnel présent*

	présent	conditionnel présent	
je	**regarde**	je	regarder**ais**
		tu	regarder**ais**
		elle/il	regarder**ait**
		nous	regarder**ions**
		vous	regarder**iez**
		elles/ils	regarder**aient**

Zoals bij de *futur* hebben regelmatige en onregelmatige werkwoorden ook hier altijd dezelfde uitgangen. Ze bestaan uit *r* en de uitgangen van de *imparfait*: *-rais, -rais, -rait, -rions, -riez, -raient.* (→ 4.1, blz. 79)

Bij de werkwoorden op *-er* wordt die uitgang zoals bij de *futur simple* aan de 1ste persoon enkelvoud tegenwoordige tijd toegevoegd.

infinitif:	conditionnel présent	
dormir	je	dormir**ais**
sortir	tu	sortir**ais**
finir	elle/il	finir**ait**
perdre	nous	perdr**ions**
vendre	vous	vendr**iez**
prendre	elles/ils	prendr**aient**

Bij de werkwoorden op *-ir* en *-re* worden die uitgangen aan de stam van de infinitief toegevoegd. (→ 6.1, blz. 82)
Werkwoorden die in de *futur* onregelmatig zijn, zijn dat ook in de *conditionnel*. Ze onderscheiden zich alleen door hun uitgang:

être	*je serais*	*savoir*	*je saurais*
avoir	*j'aurais*	*pouvoir*	*je pourrais*
aller	*j'irais*	*devoir*	*je devrais*
faire	*je ferais*	*vouloir*	*je voudrais*
courir	*je courrais*	*pleuvoir*	*il pleuvrait*
mourir	*je mourrais*	*falloir*	*il faudrait*
tenir	*je tiendrais*	*voir*	*je verrais*
venir	*je viendrais*	*apercevoir*	*j'apercevrais*
envoyer	*j'enverrais*	*s'asseoir*	*je m'assiérais*

8.2 Het gebruik van de *conditionnel présent*

Pourriez-vous me dire quelle heure il est?	a.u.b.
Nous **devrions** réfléchir à ce projet.	verzoek
Serait-il possible d'essayer ce pull?	vraag
Tu **ferais** cela pour moi?	voorstel
J'**aimerais** bien partir avec Véronique.	wens
Il y **aurait** des morts dans l'accident.	voorzichtige informatie
Mes parents ne **seraient** pas contents de voir ma compo de maths.	aanname/vermoeden
A ta place, je ne **fumerais** pas.	raad
Au cas où (indien) tu **viendrais**, dis-le-moi.	voorwaarde

In het Frans wordt de voorwaardelijke wijs in de eerste plaats als modus gebruikt.
Daarbij nuanceert de voorwaardelijke wijs de zinsinhoud door zijn geldigheid af te zwakken. De beleefdheid, de onzekerheid of de irrealiteit versterkt dat proces nog. De voorbeelden tonen de verschillende nuanceringsmogelijkheden.
Als tempus geeft de *conditionnel* een vanuit het verleden geziene toekomst aan. In die hoedanigheid wordt de indirecte rede gebruikt. (→ 3.1, blz. 60)

9 *Le conditionnel passé*

9.1 Het vormen van de *conditionnel passé*

j'	aurais	travaillé
tu	aurais	eu
elle/il	aurait	été
nous	aurions	fini
vous	auriez	fait
elles/ils	auraient	vu
je	serais	allé(e)
tu	serais	parti(e)
elle/il	serait	arrivé(e)
nous	serions	sorti(e)s
vous	seriez	venu(e)s
elles/ils	seraient	descendu(e)s

De *conditionnel passé* wordt gevormd aan de hand van de *conditionnel* van *avoir* of *être* en het voltooid deelwoord (*participe passé*) van het betreffende werkwoord.
Ook bij deze samengestelde tijd staan de werkwoorden die een bewegingsrichting uitdrukken net als de wederkerende werkwoorden met *être* (→ 3.3, blz. 77), en het deelwoord wordt volgens de bekende regels aangepast (→ 3.4, blz. 77/78).

9.2 Het gebruik van de *conditionnel passé*

Tu **aurais pu** m'attendre!
Je n'**aurais** jamais **fait** du stop seule!
J'**aurais pris** le train à ta place.

➔ Als modus geeft de *conditionnel passé* een (niet meer realiseerbare) mogelijkheid in het verleden aan.

Elle m'a dit: 'Je t'**appellerai** demain.'
Elle m'a dit qu'elle m'**appellerait** demain.

Ma mère m'a dit: 'Tu **pourras** sortir, quand tu **auras** terminé tes maths.'
Elle m'a dit que je **pourrais** sortir, quand j'**aurais** terminé mes maths.

➔ Als tempus geeft de *conditionnel* in het Frans een vanuit het verleden geziene toekomst aan.
In die hoedanigheid wordt de *futur simple* in de directe rede door de *conditionnel présent* in de indirecte rede vervangen. De *futur antérieur* wordt overeenkomstig door de *conditionnel passé* vervangen.

10 *Le subjonctif*

10.1 De regelmatige vormen van de *subjonctif présent*

présent: elles/ils	subjonctif présent		
chantent	que	je	chante
attendent	que	tu	attendes
rendent	qu'	elle/il	rende
disent	que	nous	dis**ions**
dorment	que	vous	dorm**iez**
atteignent	qu'	elles/ils	atteign**ent**

De *subjonctif*-vormen van de regelmatige en ook die van de meeste onregelmatige werkwoorden worden gevormd uit:

- de stam van de 3de persoon meervoud in de tegenwoordige tijd, en
- de uitgangen volgens persoon *-e, -es, -e, -ions, -iez, -ent.*
- Aan de *subjonctif*-vorm gaat bijna altijd *que* vooraf.

In het enkelvoud en in de 3de persoon meervoud komen de regelmatige *subjonctif*-vormen dus met de vormen van werkwoorden op *-er* in de tegenwoordige tijd overeen. In de 1ste en 2de persoon meervoud stroken ze met de *imparfait.*

10.2 De onregelmatige vormen van de *subjonctif présent*

présent: nous	présent: elles/ils	subjonctif présent		
prendre				
	prennent	que	je	prenne
		que	tu	prennes
		qu'	elle/il	prenne
prenons		que	nous	pren**ions**
		que	vous	pren**iez**
	prennent	qu'	elles/ils	prenn**ent**

Bij de volgende werkwoorden wordt de *subjonctif présent* in de 1ste en 2de persoon meervoud van de stam in de 1ste persoon meervoud tegenwoordige tijd (*nous*) afgeleid: *prendre, boire, devoir, recevoir, venir, tenir, croire, voir, payer, employer, envoyer, acheter, préférer.*

subjonctif-stam	présent: nous	subjonctif présent		
aller		que	je/j'	aille
		que	tu	ai**lles**
aill-		qu'	elle/il	aille
	allons	que	nous	**all**ions
		que	vous	**all**iez
aill-		qu'	elles/ils	aill**ent**
vouloir				
veuill-		que	je	veuille
	voulons	que	nous	**voul**ions

Deze beide werkwoorden hebben in de enkelvoudsvormen en in de 3de persoon meervoud een eigen *subjonctif*-stam, terwijl ze in de 1ste en de 2de persoon meervoud van de stam van de 1ste persoon meervoud tegenwoordige tijd worden afgeleid.

	subjonctif-stam	subjonctif présent		
savoir	**sach-**	que	je	sache
		que	tu	saches
		qu'	elle/il	sache
		que	nous	sachions
		que	vous	sachiez
		qu'	elles/ils	sachent
pouvoir	**puiss-**			
faire	**fass-**			
falloir (il faut)	**faill-**			

De werkwoorden *savoir, pouvoir, faire* en *falloir* hebben hun eigen *subjonctif*-stam.

Stam			être	avoir
	que	je/j'	sois	aie
soi-/ai-	que	tu	sois	aies
	qu'	elle/il	soit	ait
soy-/ay-	que	nous	soy**ons**	ay**ons**
	que	vous	soy**ez**	ay**ez**
soi-/ai-	qu'	elles/ils	soi**ent**	ai**ent**

De werkwoorden *avoir* en *être* zijn opnieuw uitzonderingen op de regel. Ze hebben niet alleen twee eigen *subjonctif*-stammen, maar ook afwijkende uitgangen.

10.3 Het vormen van de *subjonctif passé*

De *subjonctif passé* wordt gevormd met de *subjonctif* van *avoir* en *être* en het voltooid deelwoord (*participe passé*) van het betreffende werkwoord.
Ook hier worden de werkwoorden die een bewegingsrichting uitdrukken en de wederkerende werkwoorden met *être* vervoegd. (→ 3.3, blz. 77) Het deelwoord wordt volgens de bekende regels aangepast (→ 3.4, blz. 77/78).

que	j'	aie	pris
que	tu	aies	pris
qu'	elle/il	ait	pris
que	nous	ayons	pris
que	vous	ayez	pris
qu'	elles/ils	aient	pris

que	je	sois	venu(e)
que	tu	sois	venu(e)
qu'	elle/il	soit	venu(e)
que	nous	soyons	venu(e)s
que	vous	soyez	venu(e)s
qu'	elles/ils	soient	venu(e)s

10.4 Het gebruik van de *subjonctif*

We gebruiken een *subjonctif*

① na werkwoorden die een wil uitdrukken
(wens, verzoek, toestemming)
j'aimerais que ... **je veux** que ...
il faut que ... **elle propose** que ...
J'aimerais que tu viennes à l'heure.

② na beoordelende standpunten
(verdriet, verwondering, twijfel, tevredenheid)
nous regrettons que ... **ils ont peur** que ...
je crains que ... **elle est contente** que ...
Je crains que cela ne soit pas possible.

③ na onpersoonlijke uitdrukkingen
il est possible que ... **il est temps** que ...
il est normal que ... **c'est bien** que ...
Il est possible que la poste soit en grève.

④ na bepaalde voegwoorden
pour que (opdat) **sans que** (zonder dat)
afin que (opdat) **jusqu'à ce que** (totdat)
bien que (hoewel) **avant que** (voordat)
quoique (hoewel) **de peur que** (opdat niet)
Attends jusqu'à ce qu'on descende les valises.

➔ De *subjonctif* staat bijna uitsluitend in ondergeschikte zinnen met *que*.

In de meeste gevallen wordt hij in de ondergeschikte zin door bepaalde werkwoorden of uitdrukkingen van de hoofdzin (① tot ③) of door bepaalde voegwoorden ④ automatisch uitgelokt.

11 *Le gérondif*

11.1 Het vormen van de *gérondif*

infinitif	présent: nous	gérondif
chanter	**chant**ons	**en** chant**ant**
manger	**mange**ons	**en** mange**ant**
acheter	**achet**ons	**en** achet**ant**
attendre	**attend**ons	**en** attend**ant**
finir	**finiss**ons	**en** finiss**ant**
tenir	**ten**ons	**en** ten**ant**

De *gérondif* wordt gevormd door:
en + stam van de 1ste persoon meervoud tegenwoordige tijd + uitgang *-ant*.
Uitzonderingen:
avoir - en ***ayant****; être - en* ***étant****; savoir - en* ***sachant***

11.2 Het gebruik van de *gérondif*

① **Pendant qu'il attendait** le métro, il lisait le journal.
En attendant le métro, il lisait le journal.

② Il lisait le journal **et attendait.**
Il lisait le journal **en attendant.**

③ En prenant le métro, on arrive à temps.
En **ne** le prenant **pas**, on arrive trop tard.

De *gérondif* is onveranderlijk en neutraal vanuit tijdsaspect. De hoofdzin geeft aan wie de handeling uitvoert en wanneer de handeling plaatsgrijpt.

Een belangrijke voorwaarde voor de *gérondif* is echter dat het subject van de beide met elkaar verbonden zinnen hetzelfde is. In de volgende zin is de *gérondif* dus niet mogelijk. *Pendant qu'il préparait le repas, elle lisait le journal.*
De *gérondif* kan zowel aan het begin als aan het einde van een zin staan ①, ②.
De *gérondif* kan met complementen worden aangevuld ①, ③.
De negatieklem omsluit *en* ③ niet.

① **Quand je suis passé** devant son bureau, j'ai vu qu'il téléphonait.
En passant devant son bureau, j'ai vu qu'il téléphonait.

② Il m'a dit bonjour **en souriant.**

③ **Si on prend** le T.G.V., on arrive à deux heures.
En prenant le T.G.V., on arrive à deux heures.

Si on prenait le T.G.V., on arriverait à deux heures.
En prenant le T.G.V., on arriverait à deux heures.

Si on avait pris le T.G.V., on serait arrivé à deux heures.
En prenant le T.G.V., on serait arrivé à deux heures.

➔ Met de *gérondif* kan men:
de gelijktijdigheid van handelingen en gebeurtenissen uitdrukken; de *gérondif* vervangt dan zinnen die door *quand*, *pendant que* of door *et* zijn ingeleid ①,
de manier en wijze waarop een handeling of een gebeurtenis plaatsgrijpt uitdrukken ②,
voorwaarden of mogelijkheden uitdrukken; hij vervangt dan een ondergeschikte zin met *si* ③.

Tabel onregelmatige werkwoorden

présent		passé composé	imparfait	
accueillir (ontvangen)				
j'	accueille	j'ai accueilli	j'	accueillais
nous	accueillons		nous	accueillions
elles/ils	accueillent		elles/ils	accueillaient
aller (gaan)				
je **vais**, tu **vas**, il **va**		je suis allé,-e	j'	allais
nous	allons		nous	allions
elles/ils	**vont**		elles/ils	allaient
s'asseoir (gaan zitten)				
je m'	assois	je me suis assis,-e	je m'	asseyais
nous nous	asseyons		nous nous	asseyions
elles/ils	s'assoient		elles/ils	s'asseyaient
atteindre (bereiken)				
j'	atteins	j'ai atteint	j'	atteignais
nous	atteignons		nous	atteignions
elles/ils	atteignent		elles/ils	atteignaient

futur	subjonctif	présent	gelijkaardig:
j'accueillerai	que j' que nous qu'elles/ils	accueille accueillions accueillent	cueillir (plukken)
j'**irai**	que j' que nous qu'elles/ils	**aille** allions **aillent**	s'en aller (weggaan)
je m'assoirai (je m'assiérai)	que je m' que nous nous qu'elles/ils s'	assoie assoyions assoient	
j'atteindrai	que j' que nous qu'elles/ils	atteigne atteignions atteignent	craindre (vrezen) éteindre (doven) joindre (verbinden) peindre (schilderen)

présent		passé composé	imparfait
battre (slaan)			
je	bats	j'ai battu	je battais
nous	battons		nous battions
elles/ils	battent		elles/ils battaient
boire (drinken)			
je	bois	j'ai bu	je buvais
nous	buvons		nous buvions
elles/ils	boivent		elles/ils buvaient
conduire (rijden, leiden)			
je	conduis	j'ai conduit	je conduisais
nous	conduisons		nous conduisions
elles/ils	conduisent		elles/ils conduisaient
courir (lopen)			
je	cours	j'ai couru	je courais
nous	courons		nous courions
elles/ils	courent		elles/ils couraient
croire (geloven)			
je	crois	j'ai cru	je croyais
nous	croyons		nous croyions
elles/ils	croient		elles/ils croyaient
devoir (moeten)			
je	dois	j'ai dû	je devais
nous	devons		nous devions
elles/ils	doivent		elles/ils devaient

futur	subjonctif	présent	gelijkaardig
je battrai	que je que nous qu'elles/ils	batte battions battent	
je boirai	que je que nous qu'elles/ils	boive buvions boivent	
je conduirai	que je que nous qu'elles/ils	conduise conduisions conduisent	construire (bouwen)
je courrai	que je que nous qu'elles/ils	coure courions courent	
je croirai	que je que nous qu'elles/ils	croie croyions croient	
je devrai	que je que nous qu'elles/ils	doive devions doivent	

présent		passé composé	imparfait
écrire (schrijven)			
j'	écris	j'ai écrit	j'écrivais
nous	écrivons		nous écrivions
elles/ils	écrivent		elles/ils écrivaient
envoyer (zenden)			
j'	envoie	j'ai envoyé	j'envoyais
nous	envoyons		nous envoyions
elles/ils	envoient		elles/ils envoyaient
faire (doen, maken)			
je	fais	j'ai fait	je faisais
nous faisons, vous **faites**			nous faisions
elles/ils	font		elles/ils faisaient
falloir (moeten, nodig zijn)			
il	faut	il a fallu	il fallait
lire (lezen)			
je	lis	j'ai lu	je lisais
nous	lisons		nous lisions
elles/ils	lisent		elles/ils lisaient
mettre (zetten, leggen)			
je	mets	j'ai mis	je mettais
nous	mettons		nous mettions
elles/ils	mettent		elles/ils mettaient

futur	subjonctif	présent	gelijkaardig
j'écrirai	que j' que nous qu'elles/ils	écrive écrivions écrivent	
j'enverrai	que j' que nous qu'elles/ils	envoie envoyions envoient	
je ferai	que je que nous qu'elles/ils	**fasse** fassions fassent	
il faudra	qu'il	faille	
je lirai	que je que nous qu'elles/ils	lise lisions lisent	dire (zeggen); maar: vous dites; j'ai dit (passé composé)
je mettrai	que je que nous qu'elles/ils	mette mettions mettent	remettre (terugzetten, terugleggen)

présent		passé composé	imparfait
mourir (sterven)			
je	meurs	je suis mort,-e	je mourais
nous	mourons		nous mourions
elles/ils	meurent		elles/ils mouraient
naître (geboren worden, ontstaan)			
je nais, elle naît		je suis né,-e	je naissais
nous	naissons		nous naissions
elles/ils	naissent		elles/ils naissaient
offrir (aanbieden)			
j'	offre	j'ai offert	j'offrais
nous	offrons		nous offrions
elles/ils	offrent		elles/ils offraient
ouvrir (openen)			
j'	ouvre	j'ai ouvert	j'ouvrais
nous	ouvrons		nous ouvrions
elles/ils	ouvrent		elles/ils ouvraient
plaire (bevallen)			
je plais, il plaît		j'ai plu	je plaisais
nous	plaisons		nous plaisions
elles/ils	plaisent		elles/ils plaisaient
pleuvoir (regenen)			
il	pleut	il a plu	il pleuvait

futur	subjonctif	présent	gelijkaardig
je **mourrai**	que je que nous qu'elles/ils	meure mourions meurent	
je naîtrai	que je que nous qu'elles/ils	naisse naissions naissent	
j'offrirai	que j' que nous qu'elles/ils	offre offrions offrent	
j'ouvrirai	que j' que nous qu'elles/ils	ouvre ouvrions ouvrent	couvrir (bedekken) découvrir (ontdekken)
je plairai	que je que nous qu'elles/ils	plaise plaisions plaisent	
il **pleuvra**	qu'il	pleuve	

présent		passé composé	imparfait
pouvoir (kunnen)			
je	peux	j'ai pu	je pouvais
nous	pouvons		nous pouvions
elles/ils	peuvent		elles/ils pouvaient
prendre (nemen)			
je	prends	j'ai pris	je prenais
nous	prenons		nous prenions
elles/ils	prennent		elles/ils prenaient
recevoir (ontvangen, behouden)			
je	reçois	j'ai reçu	je recevais
nous	recevons		nous recevions
elles/ils	reçoivent		elles/ils recevaient
rire (lachen)			
je	ris	j'ai ri	je riais
nous	rions		nous riions
elles/ils	rient		elles/ils riaient
savoir (weten, kunnen)			
je	sais	j'ai su	je savais
nous	savons		nous savions
elles/ils	savent		elles/ils savaient
suivre (volgen)			
je	suis	j'ai suivi	je suivais
nous	suivons		nous suivions
elles/ils	suivent		elles/ils suivaient

futur	**subjonctif**	**présent**	**gelijkaardig**
je pourrai	que je que nous qu'elles/ils	puisse puissions puissent	
je prendrai	que je que nous qu'elles/ils	prenne prenions prennent	apprendre (leren) comprendre (verstaan)
je recevrai	que je que nous qu'elles/ils	reçoive recevions reçoivent	décevoir (ontgoochelen) percevoir (opmerken)
je rirai	que je que nous qu'elles/ils	rie riions rient	sourire (glimlachen)
je **saurai**	que je que nous qu'elles/ils	**sache** sachions sachent	
je suivrai	que je que nous qu'elles/ils	suive suivions suivent	

présent		passé composé	imparfait
tenir (houden)			
je	tiens	j'ai tenu	je tenais
nous	tenons		nous tenions
elles/ils	tie**nn**ent		elles/ils tenaient
valoir (waard zijn)			
je vaux, il vaut		j'ai valu	je valais
nous	valons		nous valions
elles/ils	valent		elles/ils valaient
venir (komen)			
je	viens	je suis venu,-e	je venais
nous	venons		nous venions
elles/ils	vie**nn**ent		elles/ils venaient
vivre (leven)			
je	vis	j'ai vécu	je vivais
nous	vivons		nous vivions
elles/ils	vivent		elles/ils vivaient
voir (zien)			
je	vois	j'ai vu	je voyais
nous	voyons		nous voyions
elles/ils	voient		elles/ils voyaient
vouloir (willen)			
je	veux	j'ai voulu	je voulais
nous	voulons		nous voulions
elles/ils	veulent		elles/ils voulaient

futur	subjonctif	présent	gelijkaardig
je **tiendrai**	que je que nous qu'elles/ils	tienne **ten**ions tiennent	
je vaudrai	que je que nous qu'elles/ils	vaille valions vaillent	
je **viendrai**	que je que nous qu'elles/ils	vienne **ven**ions viennent	devenir (worden) revenir (terugkomen) se souvenir (zich herinneren)
je vivrai	que je que nous qu'elles/ils	vive vivions vivent	
je **verrai**	que je que nous qu'elles/ils	voie voyions voient	revoir (weerzien)
je voudrai	que je que nous qu'elles/ils	veuille **voul**ions **veuill**ent	

Trefwoordenregister